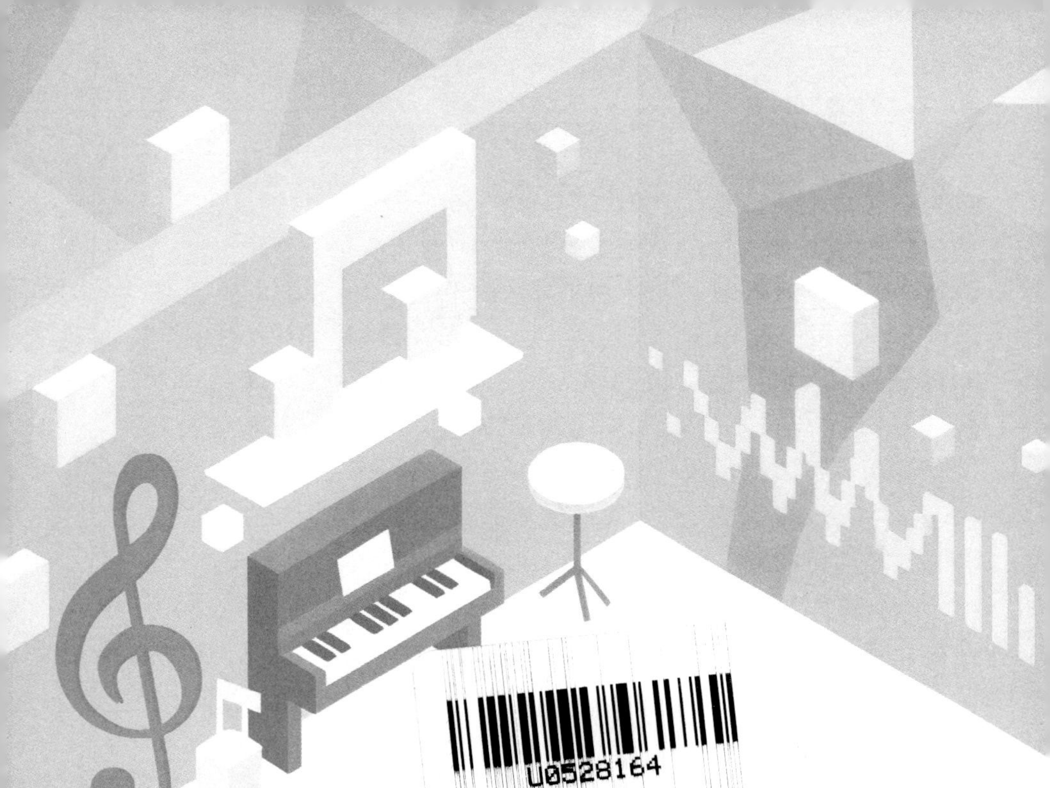

邵方 ◎ 主编

教育数字化支持下
小学音乐跨学科教学设计

序

各位音乐教育的同行们：

　　始于2014年，我与郈方老师建立了深厚的友谊。那一年，我带领学院两个年级的150名师范生，前往建襄小学观摩了一次令人难忘的音乐见习课。在这次见习活动中，郈方老师所展现的个人魅力和教学逻辑给我们所有人都留下了深刻的印象。2017年，郈方老师受邀加盟我们学院，成为"上海师范大学音乐名师讲堂"的特聘专家，她不仅为本科生展现了丰富的教学技巧，也为研究生规划了正确的职业路径。2020年以后，随着我们学院音乐教育研究生培养的蓬勃发展，郈方老师再次受邀成为我院音乐教育的专职导师，为培养新一代音乐教师做出了卓著的贡献。

　　在2022年版义务教育艺术课程标准的导向下，数字化教学和跨学科学习是音乐教育的两大热点。数字化教学通过各种软件工具，帮助学生理解不同学科之间的联系，促进知识的融合。跨学科学习则能激发学生的学习热情，使学习过程更加有趣和实用，从而提高学生的参与度。两者的目标均指向学生核心素养，旨在发展学生的信息技术素养与跨学科素养。从目前的现状看，音乐教学中的数字化教学与跨学科学习仍处于较低的研究水平，如何借助数字化进行跨学科拓展是当下音乐教学有待探究的问题。

　　在这个背景下，郈方老师的新书非常及时。书中详细描述了在数字化支持下，小学音乐跨学科教学是如何设计和实施的。更重要的是，新书提供了丰富的案例和真实的教学反思，这对于广大音乐教师来说是非常珍贵的教学资源，不仅能够为音乐教师们打开新视角和新思路，也帮助音乐教师们快速掌握数字化跨学科的基本路径。这对于音乐教育改革具有重要的促进作用。

这本书是在邰方老师的指导下，由名师工作室的音乐教师们共同完成的。它不仅是个人智慧的结晶，也是集体努力的成果。我衷心祝贺邰方老师的新书出版，并期待这本书能够激发更多教育工作者的思考和实践，共同推动我国音乐教育事业的繁荣发展。

是为序。

上海师范大学音乐学院教授
曹景谐博士
2024 年国庆

前　言

在"双新"课程改革实践落地的"白热化"时代，数字技术高速发展，为教育数字化转型变革提供了强大的支撑和驱动。跨学科教学亦是当下国家对教育改革的要求，是素养导向下的一种新型的综合育人方式。信息化赋能与跨学科教学的合理"碰撞"，在激发学生学习兴趣与丰富学习体验上有不容忽视的作用和积极的"化学反应"，它们能交互作用从而促进音乐学科的课堂育人方式的变革迭代，进而提升学生的综合能力与核心素养。

徐汇区教育系统第七届名师工作室小学音乐学科的成员们以"教育数字化支持下小学音乐跨学科教学设计"为研究的核心，力求回应"双新"时代背景下的新型育人方式的挑战，为小学音乐学科教学模式的创新提供新的发展思路，为小学音乐学科数字化教育与跨学科教学的融合创新实践提供参考。

工作室的成员来自一线岗位，在研究攻坚克难的过程中，我们较为全面地了解盘点所在学校数字化与跨学科教学实践操作情况，梳理项目研究的基本脉络与结构，从目标、内容、教学、评价4个维度形成数字化与跨学科内容及途径的架构，并对已有资源展开充实重组，形成开发、建设数字化支持下跨学科教学方法构建的基本策略。基于学校的实际，借鉴课堂教学相关研究与探索经验，尝试搭建指向小学生艺术素养达成的校本课程体系，创建有助于小学生艺术素养培育的学校支持系统，进而构建起有助于学生艺术素养养成及综合素养形成的学校培育系统。在学科课程的实施中探索通过"数字化"教学拓宽学生艺术学习视野的路径,通过跨学科教学活动提升学生综合核心素养的培养目标达成的方法、策略与模式。

在项目研究和提炼的过程中,力求凸显两大特色:一是在实践的基础上,以数字化加持作为突破难点的主要助力手段,形成结构化的小学音乐跨学科学习模式构建策略;二是对应课程标准的学习任务和要求,研究在跨学科教学与活动策略中,培养学生综合运用各种知识,在真实情景中分析解决现实问题的能力,提升学生的综合素质,激发学生萌发高阶思维,归纳、反思发展学生艺术核心素养及综合素养的有效途径。

研究的路上总是遍布着"荆棘",但也总在一个豁然开朗的"路口"会遇到一朵才要盛开的鲜嫩的"小花",感谢项目研究带领着我们热爱并持续发力地去探索音乐教育中的新问题,因为热爱总能抵达心的更深处,让我们秉持专业突破的"手杖",一同奔赴与攀登音乐教育的更高"山峰"!

邰　方

2024 年 8 月 20 日

目 录

序 ·· 曹景谐 1
前言 ·· 邰 方 1

第一章　民族音乐的审美交响　多学科的和声共鸣 ······ 叶雯雯 1
　第一节　项目构建 ·· 2
　　一、项目设计意图 ·· 2
　　二、项目实施框架 ·· 3
　　　（一）背景分析 ·· 4
　　　（二）项目理念 ·· 4
　　　（三）项目总目标 ··· 5
　　　（四）内容结构 ·· 5
　　　（五）学业质量评估标准 ·· 8
　第二节　单元实施方案 ·· 10
　　一、单元基本信息 ·· 10
　　二、单元概述 ··· 11
　　三、单元教材分析 ·· 11
　　四、单元目标 ··· 14
　　　（一）年级目标 ·· 14
　　　（二）单元目标 ·· 15
　　五、单元问题链设计与课时规划 ···································· 15

　　　　六、单元评价 ………………………………………… 17
　　　　　　（一）过程性评价 ………………………………… 18
　　　　　　（二）总结性评价 ………………………………… 20
　第三节　典型实践案例 …………………………………… 21
　　　　一、教学设计 ……………………………………… 21
　　　　二、教学案例及反思 ……………………………… 32
　　　　　　（一）主要环节与策略 …………………………… 32
　　　　　　（二）教学反思 …………………………………… 35

第二章　绘彩入韵境，赋诗颂乐情
　　　　——小学音乐民乐大单元跨学科教学
　　　　　　项目探索 ……………………………… 阎天昀　37
　第一节　项目构建 ………………………………………… 38
　　　　一、项目设计意图 ………………………………… 38
　　　　二、项目实施框架 ………………………………… 39
　　　　　　（一）理论基础 …………………………………… 39
　　　　　　（二）内容整合 …………………………………… 41
　第二节　单元实施方案 …………………………………… 44
　　　　一、单元概述 ……………………………………… 44
　　　　二、单元教材分析 ………………………………… 45
　　　　三、单元目标 ……………………………………… 47
　　　　　　（一）年级目标 …………………………………… 47
　　　　　　（二）单元目标 …………………………………… 48
　　　　四、单元问题链设计 ……………………………… 49
　　　　　　（一）单元基本问题 ……………………………… 49
　　　　　　（二）课时关键问题 ……………………………… 49
　　　　五、单元评价 ……………………………………… 50

第三节　典型实践案例 …………………………… 55
　　　一、教学设计 ……………………………………… 55
　　　二、教学案例实践效果 …………………………… 62
　　　　（一）审美感知 …………………………………… 62
　　　　（二）艺术表现 …………………………………… 63
　　　　（三）创意实践 …………………………………… 63
　　　　（四）文化理解 …………………………………… 63
　　　三、教学反思 ……………………………………… 64
　　　　（一）学段衔接 …………………………………… 64
　　　　（二）人工智能工具拓展 ………………………… 64
　　　　（三）作品与学科延伸 …………………………… 64

第三章　"'小竹宝'成长记"
　　　——小学音乐跨学科数字化课程探索 ……… 张彤慧　66
　第一节　课程设计展示 …………………………………… 67
　　　一、课程框架 ……………………………………… 67
　　　　（一）背景分析 …………………………………… 67
　　　　（二）课程理念 …………………………………… 68
　　　　（三）课程目标 …………………………………… 69
　　　　（四）课程内容结构 ……………………………… 71
　　　　（五）学业质量评估标准 ………………………… 75
　　　二、课程样张 ……………………………………… 81
　　　　（一）样张版面设计 ……………………………… 81
　　　　（二）样张呈现形式 ……………………………… 82
　　　　（三）教学资源呈现 ……………………………… 83
　　　　（四）评价资源呈现 ……………………………… 84
　第二节　单元实施方案 …………………………………… 85

一、单元教学内容 ………………………………… 85
　　二、单元学情分析 ………………………………… 85
　　三、单元教学目标 ………………………………… 86
　　四、单元实施安排 ………………………………… 86
　　五、单元评价 ……………………………………… 87
第三节　典型实践案例 ……………………………… 89
　　一、教学设计 ……………………………………… 90
　　二、教学案例及反思 ……………………………… 97
　　　（一）主要教学环节与策略 …………………… 97
　　　（二）教学反思 ………………………………… 98

第四章　领略古诗韵律，唱响古诗新声
　　——小学音乐古诗新唱作品教学项目探索 … 忻　乐 100
第一节　课程设计展示 ……………………………… 101
　　一、课程框架 ……………………………………… 101
　　　（一）背景分析 ………………………………… 102
　　　（二）课程理念 ………………………………… 102
　　　（三）课程总目标 ……………………………… 103
　　　（四）课程内容结构 …………………………… 104
　　　（五）学业质量评估标准 ……………………… 108
　　二、课程样张 ……………………………………… 110
　　　（一）样张版面设计 …………………………… 110
　　　（二）样张呈现形式 …………………………… 110
　　　（三）教学资源呈现 …………………………… 112
　　　（四）评价资源呈现 …………………………… 112
第二节　单元实施方案 ……………………………… 113
　　一、单元教学内容 ………………………………… 114

二、单元学情分析…………………………………… 114
　　三、单元教学目标…………………………………… 115
　　四、单元实施安排…………………………………… 115
　　五、单元评价………………………………………… 116
第三节　典型实践案例……………………………………… 117
　　一、教学过程………………………………………… 117
　　二、教学案例及反思………………………………… 124
　　　（一）主要环节与策略…………………………… 124
　　　（二）教学反思…………………………………… 128

第五章　萌心家国歌舞秀
　　　　——小学音乐学科家国情怀类作品的跨学科
　　　　　活动项目………………………… 沈欣妍　132
第一节　项目构建…………………………………………… 134
　　一、项目设计意图…………………………………… 134
　　二、项目实施框架…………………………………… 135
　　　（一）理论基础…………………………………… 135
　　　（二）内容整合…………………………………… 137
第二节　项目实施方案……………………………………… 138
　　一、项目概述………………………………………… 138
　　二、项目目标………………………………………… 139
　　　（一）强调音乐理解提升音乐表现………………… 139
　　　（二）借助数字技术促进音乐表现………………… 139
　　　（三）依托项目任务实现合作实践………………… 139
　　三、课程内容结构…………………………………… 140
　　　（一）课程内容框架……………………………… 140
　　　（二）课程单元结构……………………………… 141

　　　　四、学业质量评估标准 …………………………… 142
　　　　　　（一）评价内容概述 ………………………… 142
　　　　　　（二）评价形式 ……………………………… 143
　　　　五、项目样张 ………………………………………… 145
　　　　　　（一）样张版面设计 ………………………… 145
　　　　　　（二）样张呈现形式 ………………………… 145
　第三节　单元活动设计 …………………………………… 149
　　　　一、活动内容 ………………………………………… 149
　　　　二、年级学情分析 …………………………………… 150
　　　　三、教材分析 ………………………………………… 150
　　　　四、单元活动目标 …………………………………… 153
　　　　五、活动实施安排 …………………………………… 153
　　　　六、活动评价 ………………………………………… 153
　第四节　典型实践案例 …………………………………… 154
　　　　一、教学设计 ………………………………………… 154
　　　　二、教学反思 ………………………………………… 160
　　　　　　（一）师生对数字手段使用的多样化不适应 …… 160
　　　　　　（二）师生对跨学科编创角度的多元化不适应 …… 162
　　　　　　（三）评价精准设计与高效落实 …………… 162

第六章　乘数字技术之翼，探音乐体验之境
　　　　——借助数字化教学模式进行深度
　　　　音乐体验 ………………………… 沈歆韵　164
　第一节　项目构建 ………………………………………… 166
　　　　一、项目设计意图 …………………………………… 166
　　　　二、项目实施框架 …………………………………… 166
　　　　　　（一）项目背景分析 ………………………… 166

　　　　（二）项目总目标及内容……………………… 167
第二节　单元实施方案………………………………… 168
　　一、单元概述 ………………………………………… 168
　　二、单元教材分析 …………………………………… 169
　　三、单元重点学习内容 ……………………………… 170
　　四、单元评价 ………………………………………… 171
　　　　（一）前置性评价………………………………… 171
　　　　（二）嵌入式评价………………………………… 171
　　　　（三）拓展型评价………………………………… 172
第三节　典型实践案例………………………………… 173
　　一、《黄昏》教学设计 ……………………………… 173
　　二、《天鹅》教学设计 ……………………………… 177
　　三、《彼得与狼》教学设计 ………………………… 184
　　四、教学案例及反思 ………………………………… 188
　　　　（一）案例描述…………………………………… 188
　　　　（二）教学特色环节设计………………………… 188

第七章　民族娃娃展风采
　　——小学音乐跨学科主题教学实践探索 …… 陈如韵　191
第一节　项目构建……………………………………… 192
　　一、项目设计意图 …………………………………… 192
　　二、项目实施框架 …………………………………… 193
　　　　（一）理论基础…………………………………… 193
　　　　（二）内容整合…………………………………… 194
第二节　单元实施方案………………………………… 197
　　一、单元概述 ………………………………………… 197
　　二、单元教材分析 …………………………………… 197

三、单元目标 …………………………………………… 199
　（一）年级目标 ……………………………………… 199
　（二）单元目标 ……………………………………… 200
四、单元问题链设计 …………………………………… 201
五、单元评价 …………………………………………… 201
第三节　典型实施案例 …………………………………… 204
一、教学设计 …………………………………………… 204
二、教学案例及反思 …………………………………… 206
　（一）主要环节与策略 ……………………………… 206
　（二）教学反思 ……………………………………… 207
　（三）改进措施与展望 ……………………………… 208

后记 ………………………………………… 叶雯雯　阎天昀　210

第一章　民族音乐的审美交响
　　　多学科的和声共鸣

教师简介：

叶雯雯，毕业于苏州科技学院（现苏州科技大学）音乐系音乐学（师范）专业，本科。工作17年，曾工作于上海市松江区岳阳小学，于2019年调职进入上海市徐汇区汇师小学工作。

曾荣获松江区0~5年新教师教学评比一等奖，松江区中青年教师教学评比一等奖，上海市中青年教师教学评比二等奖，首届上海市中小学戏曲微课展评活动金奖。指导学生团队获上海市学生戏剧节少儿歌舞剧专场小学组三等奖、2024年徐汇区学生艺术节（校园剧/课本剧）专场小学组一等奖。曾参与德育百题"小学中高年级'京歌'教学的教育实践研究""信息化赋能下的小学京剧课堂实践研究"等市区级课题研究。

"了解音乐的感性特征和**审美特质**……增进对中国音乐文化的了解和喜爱之情"是《义务教育艺术课程标准(2022年版)》(以下简称《艺术课程标准》)中确定的小学阶段音乐学习的目标之一。由此可见,了解中国民族音乐,首先应从民族音乐的审美特质作为切入点,了解中国各民族的音乐风格特征及其相关的文化元素,获得了解民族音乐审美特质的方式与方法,提升艺术核心素养。本文以**跨学科主题学习**为主要的学习方式,以**数字化赋能**为主要的教学手段,进行对小学民族音乐审美特质理解的研究。通过有逻辑的项目构建,阐明项目研究的意图和实施框架。并借助单元重构内容的设计与实践、具体课例的分析、实施与反思进行实操佐证,为广大读者提供借鉴。

第一节 项目构建

一、项目设计意图

"传承和弘扬中华优秀传统文化,坚定文化自信"[①]是《艺术课程标准》中指出的小学阶段的总目标之一。"跨学科主题学习"是《义务教育课程方案(2022年版)》(以下简称《课程方案》)中提出的符合素养导向的一种新型的学习方式。在信息化技术高速发展和教育改革

---

① 中华人民共和国教育部.义务教育艺术课程标准(2022年版)[M].北京:北京师范大学出版社,2022:7.

浪潮的席卷下,数字化转型成为了当下教学模式面临的新变革。在这么多"新"面前,教师们既有恰逢机遇的喜悦,但同时也有挑战带来的迷茫。比如,①小学阶段该从哪些方面理解民族音乐的审美特质?②在跨学科主题学习活动设计时,该如何遴选与民族音乐审美特质理解相关联的学科或内容?③如何将民族音乐审美特质的理解、跨学科主题学习、数字化技术赋能进行三位一体整合,从而最大限度地促进学生对中国民族音乐文化的了解?

基于这些问题的思考,笔者认真研读相关理论书籍,对数字化教学手段进行了初步的研究,并对小学音乐各版本教材中的民族音乐进行了梳理,确立了教育数字化支持下小学音乐跨学科教学子项目"民族音乐的审美交响　多学科的和声共鸣"。本章节将从项目构建、单元实施方案、典型实践案例三个方面进行阐述。旨在探索数字化支持下跨学科主题学习对促进民族音乐审美特质理解的效能与方法,以期发挥学科综合育人的作用,达成综合艺术素养的提升。

二、项目实施框架

通过对小学音乐各版本教材的梳理发现,民族音乐在教材中占有相当大的比例,为理解民族音乐审美特质提供了非常优秀的作品素材。本研究主要通过对教材中民族音乐作品的梳理,提炼其审美特质相关的要点,明确具有实质性关联的学科,运用跨学科主题学习方式,在教育数字化的支持下,探索理解民族音乐审美特质的策略与方法。具体的项目实施框架如图1-1所示。

图 1-1　项目实施框架

(一) 背景分析

"以美育人"是艺术课程的重要教育理念，旨在弘扬中华优秀传统文化，树立正确的历史观、民族观、国家观和文化观。"中国民族音乐"是中国传统音乐文化中非常重要的组成部分，是美育中不可或缺的元素。《艺术课程标准》在三至九年级的"听赏与评述""独唱与合作演唱"两类学习任务当中指出：听赏具有鲜明形象和主题思想、情感表现丰富的歌曲、小型器乐曲、简单歌曲音乐、戏曲音乐等，以中国作品为主……感受不同地区、民族和国家的音乐风格、韵味……学唱富有中华优秀传统文化特色的民歌。[1]

同时，《课程方案》中要求：原则上，各门课程用不少于10%的课时设计跨学科主题学习。[2]跨学科主题学习成为符合当下课改形势、指向综合素养培育的学习方式之一，是教学形式变革的必然。

汇师小学是全国首批中小学中华优秀艺术文化传承校，也是首批京剧进课堂试点校。在艺术文化传承方面具备了一定的教学和研究经验，这为民族音乐的学习提供了良好的研究环境。

(二) 项目理念

基于项目背景分析，确定以理解民族音乐审美特质为目的，以跨学科主题学习为学习方式，辅以数字化教学手段的研究内容。探索数字化支持下跨学科主题学习对促进民族音乐审美特质理解的效能，以期通过推动教师信息素养的提升与教学模式的革新，促进教育更开放、更多元。同时，打破学科壁垒，发挥学科综合育人的作用，促进学生自主学习能力的形成，实现综合艺术素养的提升。

---

[1] 中华人民共和国教育部.义务教育艺术课程标准(2022年版)[M].北京：北京师范大学出版社,2022:22—28.

[2] 中华人民共和国教育部.义务教育课程方案(2022年版)[M].北京：北京师范大学出版社,2022:11.

第一章　民族音乐的审美交响　多学科的和声共鸣

（三）项目总目标

（1）通过对教材中中国民族音乐作品的欣赏、体验、分析，了解中国民族音乐的多样性和丰富性；在挖掘民族音乐审美特质的过程中发现美、感受美，激发学生对民族音乐的热爱，增强民族认同感与自豪感。（审美感知）

（2）厘清与民族音乐审美特质形成相关联的各要素，根据对作品审美要点的分析，选取可跨学科的作品，结合跨学科主题学习，了解不同民族的音乐文化，尊重文化的多样性，建立多元文化观。（文化理解）

（3）探索数字化支持下的教学手段变革，丰富教学资源，优化教学形式，帮助学生通过多感官的体验，激发创造性思维，更全面地理解作品的审美特质，提升作品表现力和创造力。（艺术表现、创意实践）

（四）内容结构

首先，将各版本音乐教材进行整理，建立三至五年级民族音乐作品库，见表1-1。

表1-1　三至五年级民族音乐作品库

民族/地区/民族乐器	作品	年级
蒙古族	《美丽的草原我的家》	三
	《我是人民小骑兵》	
	《森吉德玛》	
	《赛马》	
	《草原上》	
	《我是草原小牧民》	
	《牧民新歌》	
	《草原放牧》	

续表

民族/地区/民族乐器	作品	年级
蒙古族	《鸿雁》	四
	《那达慕之歌》	
	《牧歌》	
	《牧羊姑娘》	
	《吉祥三宝》	五
	《草原牧歌》	
	《牧笛》	
	《嘎达梅林》	
新疆	《马车夫之歌》	三
	《新疆是个好地方》	
	《幸福花儿开心上》	
	《阿拉木汗》	
	《帕米尔,我的家乡有多美》	
	《丰收的节日》	四
	《天山之春》	
	《新疆舞曲第二号》	五
	《打起手鼓唱起歌》	
江南民歌	《采茶舞曲》	三
	《忆江南》	四
	《西湖春晓》	
	《江南好》	
	《采菱》	
	《杨柳青》	
	《西湖美》	五
青海民歌	《花儿与少年》	四
	《上去高山望平川》	五
	《四季调》	

续表

民族/地区/民族乐器	作 品	年级
傣族	《月光下的凤尾竹》	三
	《快乐的泼水节》	四
藏族	《依马呀吉松》	四
	《巴塘连北京》	五
土家族	《乃哟乃》	三
	《锦鸡出山》	五
羌族	《吹起羌笛跳锅庄》	五
瑶族	《瑶族舞曲》	五
佤族	《木鼓歌》	五
侗族	《迷人的火塘》	五
二胡	《空山鸟语》	三
古筝	《浏阳河》	三
	《洞庭新歌》	四
	《渔舟唱晚》	五
竹笛	《荫中鸟》	三
	《水乡船歌》	四
唢呐	《小放牛》	三
	《庆丰收》	五
柳琴	《冬猎》	五
	《春到沂河》	
月琴	《驯鹿》	五
民乐合奏	《幸福年》	四
	《金蛇狂舞》	
	《瑶族舞曲》《丰收锣鼓》	五
	《喜洋洋》	
民族吹打乐	《淘金令》	五

接着,基于项目目标以及各学段的学习任务要求,从作品库中选取合适的内容进行单元重构,集中指向对某一民族音乐审美特质的理解。

在此基础之上,提取与理解该民族音乐审美特质相关联的学科,设计真实的、具有一定可探究性的跨学科主题学习活动,帮助学生体验不同民族的音乐,了解不同民族的文化,强化对民族音乐审美特质和相关文化的理解,并在探究的过程中积累学习的方法和经验。

同时,在设计过程中,可以借助数字化技术的支持,以多维的方式,丰富学生探索民族音乐审美特质的手段,激发学生的创造性思维,提升他们的审美理解和表达能力。

(五) 学业质量评估标准

1. 评价内容概述

通过对内容结构的分析和构建,建议教师通过以下几个维度对学生的学业质量进行评价。

(1) 音乐审美特征。主要包含对民族音乐体裁的了解以及旋律和节奏特点、体裁特点、演唱技巧、民族乐器、舞蹈风格等的理解与感知情况。

(2) 跨学科主题学习。主要是对民族所处地域、长期形成的生活民俗、文化理念对民族音乐审美特质影响的理解情况,这一部分适合运用跨学科主题学习方式。

(3) 数字化软件运用。主要是针对运用数字化技术辅助、呈现对民族音乐审美特质理解的情况。具体评价形式体现在"成长集星站""成长记录袋"及"成果我展现"三个方面。

2. 评价形式

(1) 成长集星站。学生完成对某一个民族音乐单元的学习之后,根据课堂学习情况,结合评价单,以自评、互评、师评相结合的方式完成评价,形成过程性评价,以此了解学生对该民族音乐审美特质的理解情况、对跨学科主题学习方式和数字化手段的运用情况,从而有助于教师对教学设计做出灵活调整。比如,"蒙古族音乐之美"单元的"成长集星站"评价单见表1-2。

表1-2 "成长集星站"评价单示例

评价维度	评价内容	自评	互评	师评
审美特征我了解	1. 能知道并交流蒙古族基本的体裁类别(长调、短调)			
	2. 能了解并交流"长调"和"短调"的音乐风格特点(旋律、节奏、速度、题材特点等)			
	3. 能运用正确的方法演唱"长调"和"短调"民歌			
	4. 能知道蒙古族代表乐器马头琴并能感知听辨其音色特点			
	5. 能初步感知蒙古族舞蹈的简单基本动作			
多学科融合我能行	1. 能了解并交流蒙古族的地域文化特点			
	2. 能了解并交流蒙古族的民俗文化特点			
	3. 能结合线条、色彩、图形表达对蒙古族音乐旋律节奏的感知			
	4. 能运用语文的方法理解歌词题材内涵并积极交流			
	5. 能结合道德与法治学科的知识了解蒙古族音乐产生的文化背景并积极交流			
数字化创作我尝试	1. 能与同伴一起运用平板电脑自学旋律和歌曲			
	2. 能在老师的指导下,探索数字化AI软件的功能和操作方法			
	3. 能运用数字化技术制作歌曲MV,展示对蒙古族音乐审美特质的感受和理解			

集星方式:完成一项获一颗☆(三评合一为完成),由教师记录在软件平台中
奖励兑换:
10~13颗☆:"蒙古族音乐小达人"
6~9颗☆:"蒙古族音乐小才子"
3~5颗☆:"蒙古族音乐小新星"

(2) 成长记录袋。教师分别在期中和期末两个阶段，在信息化作业平台发布打卡帖，学生可以将这段时间掌握的民族音乐知识以不同的形式上传，如演唱、舞蹈、乐器演奏、数字化 AI 软件制作作品等，这是对一段时间学习成果的检测，也是学习过程性资料的积累，同学之间也可以相互观看、学习。

(3) 成果我展示。汇师小学为了丰富学生的艺术生活，贯彻"以美育人"的教育理念，每周会有一个班级进行"艺术小舞台"的展示，展示类型有舞蹈、器乐、演唱等，表演形式有单人、双人、多人。因此，与学校特色"艺术小舞台"相结合，以"民族音乐"为主题，班级自行策划编排，进行小舞台展示，这既是对学习成果的汇报，同时也是对民族音乐的传扬。

第二节 单元实施方案

基于课程标准开展单元教学的结构化研究与实践，有目的、整体性地规划、设计单元学习中重要、关键的音乐实践经历，加强课时教学的关联性，可以帮助学生在有限的时间内获得学科的关键知识技能，形成持续的审美实践体验，发展音乐学科关键能力，最终促进学科核心素养的形成。[1]通过前期的研究，整个项目框架和思路已逐渐清晰。在投入实践之前，需要对教学单元进行研究与设计。下面以四年级重构单元"蒙古族音乐之美"为例，呈现具体的实施方案。

一、单元基本信息

"蒙音之美"单元基本信息见表 1-3。

---

[1] 上海市教育委员会教学研究室.中小学音乐单元教学设计指南[M].北京：人民教育出版社，2018：4.

第一章　民族音乐的审美交响　多学科的和声共鸣

表1-3 "蒙古族音乐之美"单元基本信息

学　科	音乐	年级年段	小学四年级
执教教师			
实践主题	☑欣赏　☑表现　☑创造　☑联系		
使用教材	☑上音社《音乐》四上　☑人音版《音乐》四上 ☑人教版《音乐》四上		
单元名称	蒙古族音乐之美	单元课时	4课时

二、单元概述

"蒙古族音乐之美"大单元选取了四年级第一学期不同版本音乐教材中的作品进行单元重构，分别是：上音版小学四年级第一学期第五单元"多彩的歌声"中的《鸿雁》和《赛马》、人教版四年级上册第五单元"欢腾的节日"中的《那达慕之歌》和活动"欢腾的那达慕"，以及人音版四年级第二单元"家乡美"中的《牧歌》。共四课时。通过本单元的学习，学生将结合美术、语文、道德与法治等学科，运用跨学科主题学习方式，联系生活经验，了解蒙古族的地域风俗文化对当地音乐的影响，探索蒙古族音乐的审美特质；初步掌握理解民族音乐审美特质的方式和方法，对民族音乐的学习产生兴趣，培养勇于探究的科学精神；结合数字化AI软件，尝试进行音画合一、编配器乐伴奏、编创节奏和旋律等多维度的音乐制作，激发学生的创造性思维，学会对辅助学习的信息化技术的运用。通过有组织、有设计的结构化的学习，帮助学生内化对蒙古族音乐审美特质的理解并进行适当的表达，提升音乐的审美感知、艺术表现以及创意实践能力，建立民族自信，获得国家认同感。

三、单元教材分析

根据对"蒙古族音乐之美"单元内容的选择与确定，以"探索蒙古族音乐审美特质"为目标,对单元教材内容进行分析,厘清作品之间的关联以及对理解蒙古族音乐审美特质有帮助的学习重点,提取跨学科线索,确立可跨学科及内容。

"蒙古族音乐之美"单元教材分析见表1-4。

表1-4 "蒙古族音乐之美"单元教材分析

教材内容	教材内容特征与学习重点	教学基本要求标引(四年级)
《鸿雁》	【内容特征】 1. 用富有"长调"民歌风格特点的旋律,展现出一幅美丽的草原秋景,表达出思乡者淡淡的忧伤之情; 2. 运用优美、富有诗意的歌词,从意象主体鸿雁的视角,描写出对家乡深深的思念之情; 3. 民族五声音阶和装饰音的运用,凸显出"长调"民歌的风格特征 【学习重点】 1. 结合线条、色彩、图形等知识,感知歌曲的节奏、旋律、歌词等特点,探索"长调"的风格特征; 2. 借助语言、律动舞蹈、演唱、数字化创作等方式,对音乐形象、情境、情感等作出反应并开展充分的交流表达	1.1.2 1.2.6 1.3.6 1.4.2 2.2.1 2.2.4 2.2.5 2.2.6 3.3.1 3.3.2 4.1.3 4.2.2
《牧歌》	【内容特征】 1. 用小提琴、钢琴这两种乐器特有的音色和丰富的表现力的交融,共同展现出草原牧区水草丰美的景象; 2. 富有"长调"风格特征的旋律,塑造出宽广、悠远的大草原意境; 3. 三个段落通过音区、速度、节奏、调性的变化,分别体现出牧民们不同的心境与情绪变化 【学习重点】 1. 借助语言、图形等方式,对小提琴和钢琴的音色特点作出反应,并展开对乐曲情境的联想; 2. 对比聆听马头琴版《牧歌》,感知不同乐器对音乐的表现; 3. 借助造型、律动舞蹈、编创歌词等形式,深入感知"长调"民歌的风格特征; 4. 对比聆听三个段落,感知其速度、节奏、情绪、调性的变化并作出反应	1.1.1 1.2.2 1.2.5 1.2.6 1.3.6 1.4.2 2.1.1 3.1.2 4.1.3 4.2.2
《赛马》	【内容特征】 1. 二胡特有的音色特点和丰富的演奏技巧,表现出节日里赛马场上生动热烈的场景; 2. 两个主题旋律通过不同的旋律和节奏形态,分别表现了群马飞奔的场景和人们在节日里的欢乐之情	1.1.1 1.2.2 1.2.6 1.3.6 1.4.2

第一章 民族音乐的审美交响 多学科的和声共鸣

续表

教材内容	教材内容特征与学习重点	教学基本要求标引(四年级)
《赛马》	【学习重点】 1. 对比聆听、模唱两个主题旋律,感知其节奏与情绪的变化,展开对音乐情境的联想并作出反应; 2. 观看二胡演奏视频,了解不同演奏技巧塑造的不同声音形象; 3. 拓展聆听马头琴版《赛马》,感知两种乐器不同的音色特点和表现力	2.1.1 3.3.1 4.1.3
《那达慕之歌》、《欢腾的那达慕》	【内容特征】 1. 整齐明快的节奏、简洁反复的旋律,形成了具有蒙古族"短调"风格的民歌,表现出节日里热闹欢乐的场景; 2. 腔少字多的风格特征,呈现了热烈欢快的歌曲情绪; 3. 以单元所学内容为载体,展现情景表演欢腾的那达慕 【学习重点】 1. 感知蒙古族"短调"的风格特征,在演唱过程中能正确表达歌曲的情绪、节拍、力度、速度; 2. 能在充分的指导下,了解蒙古族民俗文化背景,并综合本单元所学知识和内容,与同伴合作,设计简单的唱、奏、演为一体的综合表演	1.1.1 1.2.3 1.2.6 1.3.6 1.4.2 2.1.1 2.2.1 2.2.4 2.2.5 2.2.6 2.4.2 3.3.1 3.3.2 4.1.3 4.2.1 4.2.2
备注	1. 基于对单元教材作品内容的分析,本单元作品体现了独特的民族特性,与地域文化、民俗文化有着密切的关系。适合进行数字化支持下的跨学科主题学习。《鸿雁》结合美术、语文和道法学科,通过音乐与线条色彩图形的具象化感知,运用 AI 软件制作 MV,探索"长调"的审美特征;《牧歌》和《赛马》结合美术学科,运用 AI 绘画软件,表达对音乐意境和场景的理解与表达,同时,《牧歌》结合语文学科,尝试为旋律填词,深入理解"长调"的题材特点;《那达慕之歌》结合道德与法治学科,了解蒙古族的地域民俗文化,在综合活动中表现对蒙古族音乐审美特质的理解。 2. 基于对单元教材作品关联性的分析,本单元作品不是独立存在的,而是相互关联、相互影响的。《鸿雁》和《牧歌》均属于蒙古族"长调"风格作品;《赛马》和《那达慕之歌》均展现了蒙古族热闹、欢腾的节日场景;《牧歌》和《赛马》均借用乐器音色的表现力描绘了蒙古草原特有的场景;《鸿雁》和《那达慕之歌》旋律均具备了传统民族五声音阶的特点。因此,在设计过程中,通过有层次、递进性的课时安排,使学生在学习过程中,一步步加深对蒙古族民族音乐审美特质的理解。	

四、单元目标

根据对单元内容的分析,进一步确立本单元目标,以下从"年级目标""单元目标"进行罗列,课时目标将结合具体实践案例进行表述。

(一)年级目标

"蒙古族音乐之美"单元年级目标见表1-5。

表1-5 "蒙古族音乐之美"单元年级目标

目标领域	课程主题	目标及水平		关键能力
认知	1. 感受与欣赏	1.1 音乐情感与形象	1.1.1 辨别音乐的不同情绪(B) 1.1.2 阐释对不同音乐情境与形象的联想(B)	审美感知
		1.2 音乐要素	1.2.2 辨别音乐的速度及其变化(B) 1.2.3 辨别音乐的力度及其变化(B) 1.2.5 辨别不同的器乐音色(B) 1.2.6 辨别不同音乐旋律的特点(B)	
		1.3 音乐体裁与风格	1.3.6 辨别中外民族民间音乐的风格特点(A)	
		1.4 音乐相关文化	1.4.2 区分不同时代、民族、地域等文化背景中的音乐(B)	文化理解
	2. 表现	2.1 识读乐谱	2.1.1 视唱(奏)短小旋律(B)	艺术表现
		2.2 演唱	2.2.1 以视听结合的方式齐唱(B) 2.2.4 学会用统一的音色演唱(C) 2.2.5 学会控制音量演唱(C) 2.2.6 按音乐的速度与节拍演唱(C)	
		2.4 综合性艺术表演	2.4.2 领会开展综合艺术表演的基本方法(B)	
	3. 创造	3.3 音乐创作	3.3.1 领会简单的音乐创作的方法与规则(B)	创意实践
情感		4.1 审美观念	4.1.3 表现出对我国民族民间音乐的喜爱和接纳(B)	必备品格
		4.2 实践态度	4.2.1 愿意与同伴合作开展音乐表演(B) 4.2.2 依据表演标准与创造规则开展活动(B)	

第一章　民族音乐的审美交响　多学科的和声共鸣

（二）单元目标

（1）辨别本单元作品在旋律、速度、力度、乐器音色等音乐要素以及情绪表现、风格体裁等方面的特点与变化，并能阐释对音乐情境与形象的联想。结合跨学科主题学习，运用美术、语文、道德与法治等学科的知识与方法，区分蒙古族文化背景中的音乐审美特质。（1.1.1＋1.1.2＋1.2.2＋1.2.3＋1.2.5＋1.2.6＋1.3.6＋1.4.2＋4.1.3＋4.2.1＋4.2.2）

（2）经指导，在单元作品的学习中视唱短小旋律，并学会用统一的音色、有控制的音量，按音乐的速度与节拍，以视听结合的方式有感情地齐唱歌曲《鸿雁》与《那达慕之歌》，进一步体会蒙古族"长调"和"短调"的风格特征。（2.1.1＋2.2.1＋2.2.4＋2.2.5＋2.2.6）

（3）领会开展综合艺术表演以及音乐创作的形式与方法，结合数字化音画 AI 软件，为《鸿雁》制作 MV；经提示，根据对《牧歌》情境与题材内涵的感知，为主旋律编创歌词，深化对"长调"民歌特点的理解；愿意与同伴依据表演标准与规则，合作开展《欢腾的那达慕》音乐表演活动。在一系列活动中提升学生对蒙古族音乐审美特质的理解与表达。（2.4.2＋3.3.1＋4.2.1＋4.2.2）

五、单元问题链设计与课时规划

围绕单元概述中对本单元核心内容的阐述，参照《中小学单元教学设计指南》附录二中的学科核心基本问题（见图 1-2），确立了由单元核心基本问题、课时关键问题、环节关键问题组成的问题链。其中

基本问题：
1. 音乐是如何通过题材、体裁、风格、流派表现特定文化语境的？
2. 在音乐表演及创作中，如何恰当地运用音乐基本要素、符号（与表现形式）？

图 1-2　学科核心基本问题

环节关键问题顺序以实际教学为准。"蒙古族音乐之美"单元问题链设计与课时规划见表 1-6。

表 1-6 "蒙古族音乐之美"单元问题链设计与课时规划

单元基本问题	课时关键问题	环节关键设问	教学内容	课时安排
1. "长调"是如何体现蒙古族文化风格特点的?	1. 借助怎样的方法了解歌曲旋律、节奏等音乐要素对蒙古族文化的表现?(结合美术学科线条、色彩、图形等造型元素知识)	1. 你会选择哪种造型元素来表现歌曲的旋律和节奏特点?	《鸿雁》	1
		2. 乐曲让你联想到怎样的画面?		
		3. 你会用怎样的声音、情感表现歌曲的意境呢?		
	2. 歌曲的题材是如何体现蒙古族文化的?(结合语文学科现代诗的学习方法以及道法学科对蒙古族地域民俗文化的理解)	歌词蕴含了怎样的内涵?具有哪些特点?		
	3. 怎样的歌词可以表现"长调"的题材特点?(结合语文学科关于现代诗的知识点)	1. 乐曲带给你怎样的感觉?让你想象到了什么?		
		2. 用怎样的文字填词能够表现乐曲的意境?		
2. 器乐是如何表现蒙古族地域文化特点的?(音色、演奏技巧)	1. 小提琴和马头琴对乐曲的表现上有什么不同?(结合美术学科色彩图形的知识,运用数字化AI音画软件)	1. 小提琴和钢琴的音色带给你什么感觉?	《牧歌》	1
		2. 马头琴的音色带给你什么感觉?		
		3. 你会选择哪种乐器来表现蒙古族的草原美景?		
	2. 二胡是怎样呈现赛马的热烈场面的?	1. 二胡的音色带给你怎样的感觉?	《赛马》	1
		2. 二胡模拟了赛场上的哪些声音?		

第一章　民族音乐的审美交响　多学科的和声共鸣

续表

单元基本问题	课时关键问题	环节关键设问	教学内容	课时安排
3. 民族音乐是如何体现社会生活的？	1. 你会如何表现赛马场景的？	1. 你会选择什么来为乐曲划分段落？（情绪、速度、旋律风格等）	《赛马》	1
		2. 不同的乐段分别表现了什么情景（心情）？		
		3. 你会选择怎样的形式来表现不同的乐段？（律动、库乐队伴奏、音画软件视频呈现）		
	2. 你会选择哪种形式来参加"那达慕"呢？（结合道德与法治学科对蒙古族地域民俗文化的了解）	1. 你觉得"那达慕"是一个怎样的节日？	《那达慕之歌》、《欢腾的那达慕》	1
		2. 你会用哪些音乐知识表现"那达慕"的项目？		
		3. 你能与同伴合作，运用单元所学知识，表现"欢腾的那达慕"吗？		
4. "短调"是如何体现蒙古族的文化风格特点的？	3. 歌曲的音乐特点是怎样的？	1. 歌曲带给你怎样的感受？		
		2. 你觉得与"长调"相比，这首歌曲的风格特点有什么不同？		

六、单元评价

为了体现教学评一致的要求，结合本单元教学目标，对学习过程和结果进行如下评价。

(一)过程性评价

"蒙古族音乐之美"过程性评价见表1-7。

表1-7 "蒙古族音乐之美"过程性评价

评价维度		评价内容	观测指标	评价标准	单元目标指向
能力(成果)	审美感知	1.1 音乐情感与形象	1. 辨别本单元作品情绪的情况	☐ 能表达对作品情绪的感受 ☐ 能表达对不同主题段落情绪的感受 ☐ 能运用多种方式区分对比性音乐段落 ☐ 能根据情绪的不同为作品分段 ☆☆☆完成4项 ☆☆完成2~3项 ☆完成1项	单元目标1
			2. 阐释对本单元作品音乐情境与形象的联想的情况	☐ 能根据对作品题材的理解,描述音乐情境与形象 ☐ 能根据对作品情感的体会,描述音乐情境与形象 ☐ 能根据对作品音乐要素的理解,描述音乐情境与形象 ☐ 能借助多种方式,分享对音乐形象与情境的联想与想象 ☆☆☆完成4项 ☆☆完成2~3项 ☆完成1项	
		1.2 音乐要素	1. 辨别本单元作品中音乐的速度、力度变化及旋律特点的情况	☐ 能描述作品中旋律、速度、力度的特点 ☐ 能比较、分辨作品的旋律、速度、力度变化,区分段落 ☐ 能借助多种方式,表现对作品旋律、速度、力度变化的感受 ☐ 能描述"长调"和"短调"的音乐旋律、速度、力度的特点 ☆☆☆完成4项 ☆☆完成2~3项 ☆完成1项	

第一章　民族音乐的审美交响　多学科的和声共鸣

续表

评价维度	评价内容	观测指标	评价标准	单元目标指向
能力（成果）	审美感知 1.2 音乐要素	2. 辨别本单元作品中不同演奏乐器及其音色的情况	□能准确听辨出乐器名称 □能了解乐器的演奏方法并模拟动作 □能借助多种方式，表达对乐器音色的感受 □能对不同乐器音色进行探索、比较，感知不同乐器的表现力 ☆☆☆完成4项 ☆☆完成2～3项 ☆完成1项	单元目标1
	文化理解 1.4 音乐相关文化	区分本单元蒙古族文化背景中的音乐的情况	☆☆☆能准确判断并主动交流对蒙古族地域文化背景的认识 ☆☆经提示，能准确判断并交流对蒙古族地域文化背景的认识 ☆在充分的提示下，基本能够判断蒙古族音乐作品	
	艺术表现 2.1 识读乐谱	视唱本单元作品中短小旋律的情况	☆☆☆能准确视唱作品中的旋律 ☆☆经指导，能视唱作品中的旋律 ☆在充分的指导下，借助音高提示，能视唱作品中的旋律	单元目标2
	2.2 演唱	运用正确的演唱方法、合适的速度与力度以及统一的音色齐唱本单元歌曲的情况	□能伴随音乐的速度演唱 □能用合适的力度演唱 □能与同伴一起用自然的声音演唱 □能有感情地投入演唱 ☆☆☆完成4项 ☆☆完成2～3项 ☆完成1项	
	2.4 综合性艺术表演	领会开展综合艺术表演基本方法的情况	☆☆☆能主动积极与同伴合作，根据情境要求，对本单元内容进行编排，开展"欢腾的那达慕"综合表演 ☆☆经指导，能主动与同伴合作，对本单元内容进行编排，开展"欢腾的那达慕"综合表演 ☆在充分的指导下，能尝试与同伴合作，开展"欢腾的那达慕"综合表演	单元目标3

续表

评价维度	评价内容	观测指标	评价标准	单元目标指向
能力（成果）	创意实践	3.3 音乐创作	领会简单的音乐创作方法与规则的情况	☆☆☆能根据对作品内涵和审美特征的理解，运用多种形式（AI音画软件、库乐队、节奏编创、歌词编创等），对作品进行二度创作 ☆☆经指导，能根据对作品内涵和审美特征的理解，选择1～2种形式（AI音画软件、库乐队、节奏编创、歌词编创等），对作品进行二度创作 ☆在充分的指导下，能根据对作品内涵和审美特征的认识，选择一种形式（AI音画软件、库乐队、节奏编创、歌词编创等），尝试对作品进行二度创作	单元目标3

（二）总结性评价

"蒙古族音乐之美"总结性评价见表1-8。

表1-8 "蒙古族音乐之美"总结性评价

评价维度	评价内容	观测指标	评价标准	单元目标指向
审美感知	1.3 音乐体裁与风格	辨别蒙古族音乐审美特质的情况	① 能了解蒙古族"长调"民歌的旋律、节奏特点以及演唱方法 ② 能了解蒙古族"短调"民歌的旋律、节奏特点 ③ 能了解蒙古族民歌的题材特点 ④ 能了解蒙古族音乐的调式特点 ⑤ 能了解蒙古族地域民俗文化对音乐风格的影响 ⑥ 能知道民族乐器马头琴对蒙古族音乐的影响 ☆☆☆能做到①②③④⑤⑥ ☆☆能做到①②⑤⑥ ☆能做到①②	单元目标1、2

续表

评价维度	评价内容	观测指标	评价标准	单元目标指向
必备品格	4.1 审美观念	对蒙古族音乐的喜爱和接纳的情况	☆☆☆主动探索并表达对蒙古族音乐审美特质的理解 ☆☆经指导,探索并表达对蒙古族音乐审美特质的理解 ☆在充分的指导下,尝试探索对蒙古族音乐审美特质的理解	单元目标1、3
	4.2 实践态度	与同伴合作并能依据表演标准与创作规则开展活动的情况	☆☆☆积极主动探索蒙古族音乐的情境和风格,并与同伴进行综合表演与音乐创作 ☆☆经指导,了解蒙古族音乐的情境和风格,并与同伴进行综合表演与音乐创作 ☆在充分的指导下,尝试与同伴进行综合表演与音乐创作	

第三节 典型实践案例

课堂教学实践是对项目研究理论和规划的具体落实,在实践过程中,教师可以不断发现问题、改进问题、总结经验,促进研究的进一步完善,因此,是整个项目研究中关键的一环,实现了从理论—实践—理论的闭环。以下以重构单元"蒙音之美"中的《鸿雁》一课为例,围绕"如何在数字化支持下,融合语文、道德与法治、美术等学科促进学生对蒙古族'长调'审美特征的感受与理解"这一核心,开展教学设计与实践,并形成案例反思。

一、教学设计

【学习内容】

《鸿雁》。

【内容分析】

歌曲《鸿雁》是一首 4/4 拍的内蒙古民歌,是中国游牧民族的经典之作。节奏舒展、旋律优美,装饰音给旋律更增添了些许忧伤感。歌曲以"鸿雁"为主题意象,以民族五声调式作为基本调性,悠长舒缓的旋律凸显了蒙古族"长调"民歌的风格特点。表达了蒙古族人民对家乡深深的思念之情,蕴含着浓郁的乡愁。马头琴版也以其独特的乐器音色,更显游牧民族心中的那一缕乡愁和向往。[①]

《鸿雁》曲调优美,深受学生喜爱,放在第一课时,奠定了单元基调。从蒙古族"长调"入手,通过数字化支持下的跨学科主题学习,帮助学生了解与民族音乐审美特质相关的要素,感知"长调"的风格特征,促进学生对蒙古族音乐审美特质的理解。

【课时目标】

1. 第 1 课时

(1) 聆听马头琴版《鸿雁》,能运用美术学科线条和色彩的知识,表达对乐曲旋律、节奏特点的感知,并能阐释对乐曲情境的联想与想象。

(2) 能结合语文现代诗学习的方法以及道法学科对蒙古族地域民俗文化的了解的知识,理解歌曲的歌词内涵,体会歌曲表达的情感。

(3) 能结合对歌曲旋律、节奏、情绪、情感表达的理解,通过小组探究活动,归纳"长调"的风格体裁特征。

2. 第 2 课时

在聆听歌曲、视唱旋律、朗诵歌词的过程中学会歌曲,并根据对

---

① 上海市中小学(幼儿园)课程改革委员会.音乐教学参考资料四年级第一学期[M].上海:上海音乐出版社,2022.7:57—58.

歌词内容及其情境的理解，与同伴一起用统一的音色、有控制的音量，有感情地演唱歌曲。

3. 第 3 课时

能在老师的指导下，运用数字化 AI 音画软件，根据歌曲的风格特点与情感表达，设计合适的画面，制作一段 MV。

【课时重点与难点】

1. 重点

通过跨学科主题学习活动，借助数字化软件的支持，探究蒙古族"长调"的风格体裁特征。

2. 难点

能用饱满的气息、合适的演唱技巧唱好歌曲中的全音符和装饰音，表现"长调"民歌的意蕴。

【课时关键问题】

(1) 你会用什么方式表现对歌曲审美特征的理解？
(2) 歌词蕴含了怎样的意义和情感？

【课时资源支持】

学习单、AI 音画软件、视频编辑软件。

【课时评价设计】

共设计了 2 个评价表，分别为简单核查表（见表 1-9）和简单的等第判断表（见表 1-10）。

表 1-9　简单核查表

评价内容	学习结果核查
能辨别"长调"的旋律、节奏特征	□ 能　□ 不能
能了解"长调"的题材特征	□ 能　□ 不能

表1-10 简单的等第判断表

评价内容	等第判断	评价维度
理解"长调"音乐风格特征及其与当地地域文化之间关系的情况	① 能正确描述乐曲《鸿雁》旋律、速度的特点,并想象乐曲表现的画面 ② 能根据对歌曲《鸿雁》歌词内容的理解,正确描述音乐表现的情境与形象,表达对作品情绪的感受 ③ 能了解歌曲音阶构成中的民族五声音阶元素 ④ 能交流对蒙古族地域文化背景的认识,并阐释对歌曲的影响 ☆☆☆能做到①②③④ ☆☆能做到①②④ ☆能做到①②	学业成果
运用演唱形式表现对"长调"民歌音乐审美特征理解的情况	☆☆☆能用饱满的气息、有控制的音量,有感情地投入演唱歌曲 ☆☆经指导,能用自然的声音,有控制的音量,有感情地演唱歌曲 ☆在充分的指导下,能用自然的声音,合适的音量演唱歌曲	
运用数字化AI技术表现对"长调"民歌音乐审美特征理解的情况	☆☆☆能准确把握对歌曲审美特征以及题材内容的理解,运用数字化AI软件,设计符合歌曲意境的动感画面,制作歌曲MV,画面速度、情绪的表达与歌曲契合度高 ☆☆基本掌握歌曲审美特征以及题材内容,运用数字化AI软件,设计动感画面,制作歌曲MV,画面速度、情绪的表达基本符合歌曲意境但略有欠缺 ☆在充分的提示下,能够运用数字化AI软件,设计图片,制作静态图片切换MV,画面基本符合歌曲意境	学业成果
结合美术、语文等学科知识与方法,探索交流"长调"审美特征的情况	☆☆☆能主动运用美术、道德与法治、语文学科知识与方法,积极探索、交流对"长调"审美特征的理解 ☆☆能在老师的引导下,运用美术、道德与法治、语文学科知识与方法,探索、交流对"长调"审美特征的理解 ☆能经老师或同伴提示,尝试运用美术、道法、语文学科知识与方法,探索对"长调"审美特征的理解,但交流欲望较弱	学习兴趣/习惯
运用数字化AI技术实践对"长调"审美特征理解的情况	☆☆☆能主动探索数字化AI软件制作MV的方法并积极实践 ☆☆经老师指导,能探索数字化AI软件制作MV的方法并进行实践 ☆在老师和同伴充分的指导下,能尝试探索数字化AI软件制作MV的方法并实践	

第一章　民族音乐的审美交响　多学科的和声共鸣

【教学流程与课时要点】

（一）初听乐曲，创设情境

1. 初步感受乐曲

聆听马头琴版《鸿雁》，初步感受乐曲的情绪特点。

2. 复听乐曲

复听乐曲，感知乐曲的旋律和节奏特点，结合学习单进行归纳。

（1）聆听乐曲，小组合作探究完成小组学习单一（见图1-3）。

小组学习单		组别	
一、感知乐曲的音乐要素特点 　你会选择哪种造型元素表现旋律和节奏特点呢？（线条、图形、色彩……）			
二、找出旋律中音的组成		三、歌曲的题材特点：	
		内容：	
		修辞：	
		音律：	
四、蒙古族"长调"的审美特征 　1. 音乐风格（旋律、节奏、曲调、音域、艺术处理方式……） 　2. 演唱方式 　3. 取材内容 　4. 文化内涵			

图1-3　小组学习单一

（2）小组交流探究成果。关键设问：①你会选择哪种方式来表现歌曲的旋律和节奏特点？②乐曲让你联想到怎样的画面？

> **教学意图说明**
>
> （1）**学习要点**：合作探究乐曲的情绪、旋律、节奏特点；能运用**美术学科线条、色彩的知识**，通过绘画表现对音乐要素的理解，归纳乐曲的音乐特点。

（2）**指导与反馈要点**：在小组讨论的过程中，教师可以观察并针对每小组不同的探究情况，给出针对性的指导，鼓励学生运用多种形式表现旋律、节奏的特点，大胆想象音乐描绘的画面。

（3）**评价要点**：能准确描述乐曲《鸿雁》旋律、速度的特点，并想象乐曲表现的画面。

技术与资源支持：

音响资源：马头琴版《鸿雁》音频。

3. 总结

揭示课题及乐曲所属民族，知道"长调"体裁

（二）学唱歌曲，感知"长调"

1. 聆听乐曲，了解民族五声调式音阶

（1）分组利用平板设备聆听乐曲，结合小组学习单二（见图1-4），找出旋律中音的构成。

小组学习单		组别
一、感知乐曲的音乐要素特点 　你会选择哪种造型元素表现旋律和节奏特点呢？（线条、图形、色彩……）		
二、找出旋律中音的组成	三、歌曲的题材特点：	
	内容：	
	修辞：	
	音律：	
四、蒙古"长调"的审美特征 　1. 音乐风格（旋律、节奏、曲调、音域、艺术处理方式……） 　2. 演唱方式 　3. 取材内容 　4. 文化内涵		

图 1-4　小组学习单二

（2）感知民族五声调式。

1）具体流程：①简单介绍民族五声调式，知道这是蒙古族"长调"的调式特点；②分组利用平板电脑设备，学唱歌曲旋律；③教师指导，难点解决；④全班完整并连贯演唱歌谱。

2）关键设问：你会用怎样的声音演唱旋律，表现乐曲的意境呢？

> **教学意图说明**
>
> （1）**学习要点**：了解民族五声调式的特点，知道它是蒙古族"长调"民歌的调式基础；通过小组运用平板电脑自学旋律，进一步体会民族调式对蒙古族民歌旋律风格的塑造作用。
>
> （2）**指导与反馈要点**：学生在自学旋律时，对于旋律连贯性的表现并不理想，老师可以针对这个难点，借助音乐记号、气息指导、指挥手势、联想激发等方式的辅助，帮助学生解决演唱难点。
>
> （3）**评价要点**：能准确、连贯地演唱歌曲旋律。
>
> **技术与资源支持：**
>
> （1）音响资源。马头琴版《鸿雁》音频、钢琴弹奏的单音旋律音频。
>
> （2）技术支持。平板电脑。

2. 欣赏歌曲，理解歌词内涵

（1）聆听歌曲版《鸿雁》，了解歌词内容大意，找出主题意象——鸿雁。

（2）小组合作，探究歌词内涵特点，完成小组学习单三（见图1-5）。

1）具体流程：①轻声诵读歌词，抓取内容关键词（鸿雁、江水、秋草、芦苇荡……）；②探究歌词运用的修辞手法，体会表达的情感（象征、拟人、托物言志的情感表达）；③运用平板电脑，聆听歌曲，探究歌词的音律特点（押韵、字少腔多）；④师生共同归纳歌曲的题材特点。

小组学习单　　　　　　　　　　　　　　　组别		
一、感知乐曲的音乐要素特点 　　你会选择哪种造型元素表现旋律和节奏特点呢？（线条、图形、色彩……）		
二、找出旋律中音的组成	三、歌曲的题材特点：	
~	内容：	
~	修辞：	
~	音律：	
四、蒙古"长调"的审美特征 　1. 音乐风格（旋律、节奏、曲调、音域、艺术处理方式……） 　2. 演唱方式 　3. 取材内容 　4. 文化内涵		

图 1-5　小组学习单三

2) 关键设问：歌词蕴含了怎样的内涵？具有哪些特点？

> **教学意图说明**
>
> （1）学习要点：**结合语文现代诗的学习方法**，运用小组合作的形式，根据学习单，探究、讨论歌词内涵，体会歌曲意欲表达的情感，掌握"长调"的题材特征。
>
> （2）指导与反馈要点：对于歌词托物言志的情感表达，学生体会得还不够深刻，这时老师可以借助**道德与法治学科关于蒙古族地域民俗文化特点的知识**，帮助学生理解游牧文化背景下的"长调"民歌的审美特征以及所表达的意境与情感。
>
> （3）评价要点：能理解歌词内涵，把握歌曲表达出的浓浓的思乡之情。

3. 配乐朗诵歌词

有感情地配乐朗诵歌词，进一步体会歌词内涵。

第一章　民族音乐的审美交响　多学科的和声共鸣

4. 加入歌词自学歌曲

（1）学生跟平板电脑自学，发现演唱难点。

（2）教师指导气息的控制以及一字多音、装饰音的表现。

5. 完整演唱歌曲

跟音乐有感情地完整演唱歌曲。

6. 归纳总结

根据所学知识，小组探究完成小组学习单四（见图1-6），归纳蒙古"长调"的审美特征。

小组学习单		组别	
一、感知乐曲的音乐要素特点 你会选择哪种造型元素表现旋律和节奏特点呢？（线条、图形、色彩……）			
二、找出旋律中音的组成		三、歌曲的题材特点：	
^		内容：	
^		修辞：	
^		音律：	
四、蒙古"长调"的审美特征 1. 音乐风格（旋律、节奏、曲调、音域、艺术处理方式……） 2. 演唱方式 3. 取材内容 4. 文化内涵			

图1-6　小组学习单四

（三）数字赋能，审美表达

1. 教师介绍MV制作流程

教师介绍AI软件的使用方法及制作MV的流程步骤。MV制作流程如图1-7所示。

2. 小组合作，制作《鸿雁》MV

（1）具体流程：①组内分工，明确任务；②组员合作，根据对歌曲审美特征的理解，制作一段MV；③结合诵、唱，展示作品。

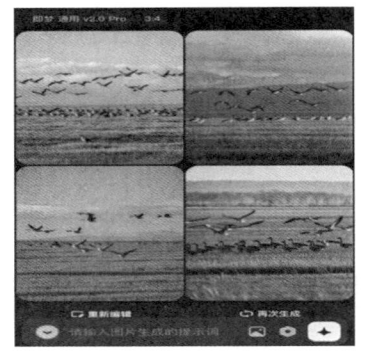

1. 输入关键词,生成图片　　2. 选择合适的图片,输入动作效果,图变视频

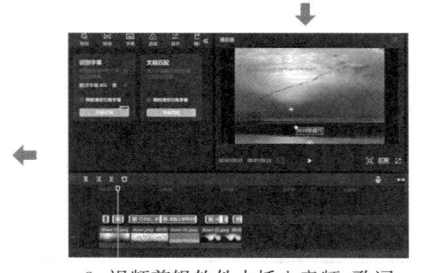

4. 生成歌曲 MV　　3. 视频剪辑软件中插入音频、歌词

图 1-7　MV 制作流程

（2）关键设问：你能根据对歌曲审美特征的理解，与同伴一起合作制作一段 MV 吗？

> **教学意图说明**
>
> （1）学习要点：能够运用现代化数字 AI 软件，抓取歌词内容与情感关键词，设计与歌曲风格特点以及意境相符合的 MV，表达对"长调"民歌审美特质的理解。
>
> （2）指导与反馈要点：学生在使用数字化软件的过程中，教师应实时进行观察并及时给出方法指导，对关键词的把握要精准，图片转视频后的速度要与音乐的速度、意境相契合。

（3）评价要点：能积极主动探索使用数字化软件，并能抓取表现歌曲内容、意境与情感的关键词，制作富有美感的 MV。

技术与资源支持：

即梦 AI、剪映。

(四) 课堂小结

本节课，我们结合跨学科主题学习，对蒙古族"长调"民歌《鸿雁》进行了深入的分析与学习，了解了歌曲的音乐风格、调式特点、题材特点以及地域特性，并运用数字化 AI 软件，将对歌曲的理解融入我们的歌声和创作中，并表达出来。"长调"只是蒙古族音乐的代表之一，在接下去的学习中，我们将继续了解蒙古族其他风格的音乐，感受"蒙古族音乐之美"。

【教学流程图】

教学流程图如图 1-8 所示。

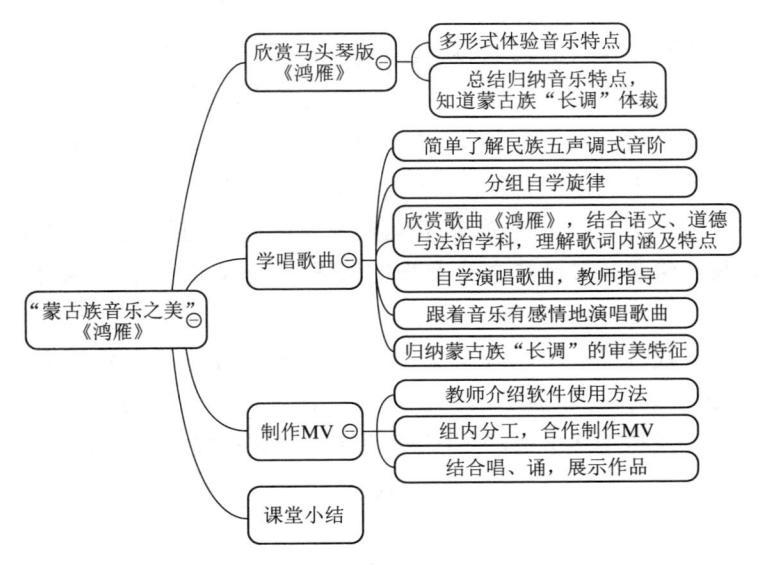

"蒙古族音乐之美"《鸿雁》
- 欣赏马头琴版《鸿雁》
  - 多形式体验音乐特点
  - 总结归纳音乐特点，知道蒙古族"长调"体裁
- 学唱歌曲
  - 简单了解民族五声调式音阶
  - 分组自学旋律
  - 欣赏歌曲《鸿雁》，结合语文、道德与法治学科，理解歌词内涵及特点
  - 自学演唱歌曲，教师指导
  - 跟着音乐有感情地演唱歌曲
  - 归纳蒙古族"长调"的审美特征
- 制作MV
  - 教师介绍软件使用方法
  - 组内分工，合作制作MV
  - 结合唱、诵，展示作品
- 课堂小结

图 1-8 教学流程示意

二、教学案例及反思

（一）主要环节与策略

为了体现研究的理念与目标，《鸿雁》一课主要运用了以下三个策略。

1. 深化理解，"加持"方式

如"项目设计意图"中所说，理解民族音乐审美特质既要掌握民族音乐本身的艺术特点，同时对民族文化背景也要有一定的了解。这就决定了在学习过程中，需要结合多门学科的知识，深化对民族音乐审美特质的理解。因此，跨学科主题学习的方式成了首要的选择。但是在进行跨学科主题学习设计时，需要关注民族音乐作品与其他各学科的关联，找到能够深化民族音乐审美特质理解的关键点，选取适合的1~2门学科进行跨学科学习，从而将各学科对民族音乐审美特质理解的促进作用最大化，使民族音乐审美特质的理解更凸显、更深入。

如《鸿雁》一课，课前笔者对作品内容进行了研究，并与其他学科的老师进行了深入的沟通，从教材内容分析，到学习方法提炼，找出与《鸿雁》音乐审美特征相契合的要点，最终确定了与美术、语文及道德与法治学科的融合。首先通过美术学科中线条、色彩、图形的知识与音乐学科中旋律、节奏等要素特点的结合，促进对《鸿雁》旋律、节奏等音乐审美特征的理解；接着运用**语文学科学习现代诗的方法和道德与法治学科对民族文化背景的认识**，深化对歌曲歌词题材特点的理解。

在实践过程中发现，跨学科主题学习不仅深化了对民族音乐审美特质的理解，还加强了学生在学习过程中，对不同学科之间知识、方法的关联和迁移运用，为自主学习能力的获得提供了机会，提升了学习品质，促进了学生综合素质的成长。

2. 数字赋能，丰富探究

基于"双新"课改理念的大环境下，不仅学习方式发生了重大的转变,同时,在教学手段的应用上,也有了新的变革。数字化支持成为课堂教学重要的手段之一。各种智能化课件、学习 App、AI 人工智能软件层出不穷。这使得课堂教学手段变得更加丰富。但与此同时,在选择数字化赋能时,需要根据学习目标进行筛选,以期发挥数字化赋能的最大功效。

本课例中,主要在以下两方面运用到数字化加持。

(1)《鸿雁》一课,很多环节都是以小组合作探究学习为主,因此,平板电脑的使用,为小组学习提供了便捷。学生可以根据本组的学习情况自行调整学习进度和难度,使学习更有针对性。比如,在自学歌谱时,小组可以进行分工,钢琴基础好的同学运用智能软件,演奏谱例,其他组员识谱视唱熟悉歌曲的旋律,根据本组的学习情况进行重难点的调整与解决。同时,教师也可以根据每一组的学习情况,给出个性化的指导,提高学习效能。

(2)借助数字化 AI 音画软件制作歌曲 MV。这里运用了 AI 音画软件"文生图"以及"图生视频"的功能。第一步,学生根据自己对歌曲内涵及审美特征的理解,在"关键词"输入框内填入具有文学性且指向性明确的词语或句子,软件会自动生成相对应的图片,学生选择认为最合适的一幅图片。这一过程综合体现出学生对歌曲的理解能力、文字的表达能力以及艺术的审美感知能力。第二步,将选择出的图片进行"图转视频"处理。根据自己对画面动态的需求,在对话框内输入一系列动作,如"草儿轻轻地摆动、鸿雁缓缓地向南飞,渐渐远去"等,再选择运镜效果,这时,图片便会转换为动态的视频。第三步,根据歌词内容,将一段段视频和歌曲音频插入视频编辑软件进行编辑,最终形成歌曲 MV。这一活动,主要是通过音、画、文字相结合的方式,激发学生的创造性思维,将学生对歌曲的审美感知和理解转化为富有创意的可视化表达,深化对歌曲音乐审美特质的理解,掌握数字技术的运用方法赋能学习,提高信息技术处理的素养。

3. 任务驱动,助力学习

任务驱动可以帮助学生在学习过程中,提升创新能力、协作能力和分析问题、解决问题的能力。本课例便是通过"任务导向"的学习活动,使学生搭上"直通车",直指单元核心内容的学习。《鸿雁》学习任务支架见表1-11。

表1-11 《鸿雁》学习任务支架

主题	学习任务	主要学习方式	学习要点
探索"长调"民歌的音乐审美特征	任务一:从音乐要素方面,探索歌曲的音乐特点	跨学科（美术）	探究乐曲的情绪、旋律、节奏特点;能运用**美术学科线条、色彩的知识**,音乐中肢体语言的表达,通过绘画、律动等形式表现对音乐要素的理解,归纳乐曲的音乐特点
	任务二:自学旋律,探索歌曲的音阶特点	合作探究	小组合作自学歌曲旋律,通过探索,发现歌曲中音的组成,初步了解**民族五声调式**,知道民族调式对蒙古族民歌旋律风格的塑造作用
	任务三:诵读歌词,探索歌曲的题材特点	跨学科（语文、道德与法治）	**结合语文现代诗的学习方法和道德与法治学科关于蒙古族地域民俗文化特点的知识,探究、讨论歌曲内涵,体会歌曲意欲表达的情感,掌握"长调"的题材特征**
	任务四:学唱歌曲,探索歌曲的演唱技巧	合作探究	运用平板电脑小组自学歌曲,探究运用怎样的声音演唱能表达歌曲的意境和情感;教师做好气息、装饰音演唱方面的指导
	任务五:你会为歌曲制作怎样的MV?	合作探究（数字化技术应用）	根据对歌词内容以及歌曲意境的理解,设计与歌曲审美特征相符合的MV

学生结合学习单,明晰学习任务和要点,通过小组合作探究,一步一步,按音乐要素的感知→民族五声音阶的了解→歌词题材内涵的理解→歌曲演唱的表达→MV的制作,完成从"输入"到"输出"的学习过程。任务导向为学生建立了一个学习支架,在学习支架的指引下,学生获得的不仅仅是知识,更是学习方法的习得。通过本课例的学习,学生可以将此方法迁移到其他民族民歌体裁审美特征的理

解上,形成方法的融会贯通,使学生的自主学习能力得到提升。

(二) 教学反思

在经过一系列研究、设计和准备之后,《鸿雁》一课在实施过程中,学生通过自主探究式的合作学习,结合跨学科主题活动和数字化技术赋能,对蒙古族"长调"民歌的审美特征有了初步的理解与感知,但同时也反映出对数字化软件操作不便以及自学任务偏难等实际问题,总结如下。

1. 跨学科主题学习效能有待提升

《鸿雁》结合美术、语文、道德与法治学科,帮助学生较好地感知了歌曲宽广悠远的"长调"风格特征,理解了歌词内涵,知道"长调"的产生与蒙古族文化之间的关系。但是在实践中,尤其是与道德与法治学科之间的融合,并没有达到预期的效果。学生对于为什么游牧民族的特性对"长调"音乐体裁的影响还无法理解透彻,需要教师进行深入解析指导。

因此,教师在选择跨学科内容和结合点时,除了提炼学科之间的关联点,也需要对学生的心理、理解力、年龄特点等作出相应的考虑,提升跨学科主题学习的效能。

2. 数字化软件操作难度有待调整

AI音画软件、视频编辑软件以及平板电脑的使用,为课堂教学提供了更丰富灵活的形式,学生的学习兴趣大大提升,在实践过程中,也能自主探究蒙古族音乐的审美特质,不断反复聆听、演唱,形成艺术通感,完成MV的制作。但是,由于每个人对数字化软件操作的能力不一样,本课运用到的软件数量也较多,因此对学生来说,难度显得有点高。学生在实操过程中会产生诸多的问题,教师需要点对点辅导,占用了过多的教学时间。

因此,在运用数字化赋能教学时,教师需要做好多方面的综合准备,对教学内容、课堂时间分配、学情等情况进行考虑,选择难易度适中的数字化软件来辅助教学,使之成为多学科之间的"黏合剂",发挥数字化赋能的最大功效。

3. 合作探究学习的配合度有待提高

本节课的学习形态主要依托任务驱动下的小组合作探究学习,整体上提高了学生自主学习和探究的能力,增强了与同伴的合作沟通能力。但是,有些小组在学习时,会遇到意见不一、配合度不高等问题,导致最后的学习效果并不理想。

因此,教师应积极关注出现这种情况的小组,及时给出帮助与建议。另外,在平时的课上,也要反复引导学生学会沟通,学会合作,以提高学生的人际交往能力。

参考文献

[1] 赵丽.浅析蒙古族长调民歌的特点及演唱方法[J].北方音乐.2017(7):38.

[2] 李欣冉;吕春梅.析蒙古族民歌《鸿雁》的修辞意味和民族情怀[J].语文学刊:高等教育版.2015(6):95—96.

第二章　绘彩入韵境，赋诗颂乐情
——小学音乐民乐大单元跨学科教学项目探索

教师简介：

阎天昀，上海师范大学第三附属实验学校一级教师，教龄 7 年。曾获 2022 年上海市中学音乐学科中青年教师教学评选徐汇区选拔赛一等奖，2022 年国民音乐教育大会"万叶杯"论文征集评选中小学教师组一等奖，并作为演讲嘉宾在国民音乐教育大会上做论文宣讲；指导学生获第十五届全国青少年打击乐比赛上海赛区选拔赛校园中学组金奖等。

本章从项目构建入手，阐明中国民乐作品在小学音乐教学中的重要性以及其面临的挑战，如传统听赏与评述活动形式单一、学生参与度不高等。为了克服这些难题，本项目致力于探索音乐学科与语文、美术等学科之间的内在联系，通过跨学科主题学习的方式，创新民乐作品的欣赏与教学方式。这不仅是对新课程方案中强化学科间知识关联要求的积极响应，也是素养时代课程整合的重要实践。

　　据此，项目中梳理了音乐学科跨学科学习的理论基础，明确跨学科学习对于推动学生深度学习、发展综合素养的重要意义，并对三四年级音乐教材中的民乐作品进行分类、整合，最终确立了一个跨学科民乐大单元教学项目，并设立了单元学习任务。在单元实施方案中，阐述了此单元完整设计，包括单元概述、教材分析、单元目标、问题链设计及评价体系，并在最后呈现典型实践案例的教学设计、实践效果与反思。力求通过此系统化的设计，使学生能在丰富的跨学科活动中，深化对民乐作品的理解与感受，也期待通过此次探索实践，能为小学音乐跨学科教学提供有益的参考。

第一节　项目构建

一、项目设计意图

　　中国民乐是中华民族文化瑰宝的重要组成部分。中国民乐作品的表现内容非常丰富，且极具民族特色。它们或描绘自然风光的壮丽，或抒发人民生活的喜怒哀乐，或表达对家国情怀的深沉思考……不仅展现了中华民族丰富多彩的生活面貌，更通过音乐的语言，传递了中华民族的精神追求与文化内涵。

《义务教育艺术课程标准（2022年版）》（简称《艺术课程标准》）中对三至五年级学生的听赏与评述学习任务提出了要求：听赏具有鲜明形象和主题思想、情感表现较丰富的歌曲、小型器乐曲、简单歌舞音乐、戏曲音乐等，以中国作品为主。从音乐教材中也可以看出，从小学三年级开始，民乐作品的数量增加、难度提高，可见听赏民乐作品在小学中高年段音乐学习中的重要性。

但在日常音乐课堂教学中，听赏与评述民乐作品的活动形式比较有限。教师往往会在带领学生欣赏作品以后，请他们用语言将音乐不同乐段的情绪、情感、表现的场景等内容表达出来，以此来了解学生是否体悟到作品的内涵。这样的形式用得多了，一来比较单调缺乏新意，二来总是那些语言表达能力较强的学生更愿意交流互动，不愿或不敢表达的学生较难把自己的欣赏感受反馈给老师，课堂参与度较低。

为了提升民乐作品欣赏课的教学质量，此项目对学科间的相互关联进行探索，设计跨学科的民乐大单元教学，以期丰富民乐作品欣赏活动，加深学生对民乐作品的思考理解，促进多样的情感表达，取得多元的学习成果，发展艺术核心素养。

二、项目实施框架

（一）理论基础

《义务教育课程方案（2022年版）》（简称《课程方案》）中明确提出要加强课程内容的内在联系，原则上，各门课程用不少于10%的课时设计跨学科主题学习。夏雪梅在《跨学科学习：一种基于学科的设计、实施与评价》一书中对跨学科学习给出了如下界定：跨学科学习是学生综合两个或以上学科的知识、能力或思维，通过一定的载体

（如主题、现象、问题、产品等）形成整合性的跨学科理解的过程。[1]可见，跨学科学习可以鼓励学生从不同的角度和层面去探索问题，推动融知识综合与问题解决于一体的深度学习，是素养时代课程整合的重要实施途径。

要开展音乐学科的跨学科主题学习，需先探寻音乐与其他学科的内在联系和互动机制。郭沫若在《青铜时代·公孙尼子与其音乐理论》一文中写道"中国旧时的所谓'乐'，它的内容包含得很广。音乐、诗歌、舞蹈，本是三位一体的可不用说，绘画、雕镂、建筑等造型美术也被包含着，甚至于连仪仗、田猎、肴馔等都可以涵盖。所谓乐者，乐也。凡是使人快乐，使人的感官可以得到享受的东西，都可以广泛地称之为乐"。[2]可见，我国民族音乐本身就具有跨学科性，它丰富的文化内涵使其可以与许多学科建立起关联。而音乐作为一门听觉艺术，欣赏者如何能把聆听时看不见摸不着的内心感受表达出来，需要具有实在性的载体，也就能和语文、美术等学科建立起联系——寻求用语言文字或者视觉呈现的方式表达对音乐的感受与理解，这种学科间的内在逻辑联系为音乐课程的跨学科教学奠定了基础。图2-1所示为音乐与语文、美术学科的联系。

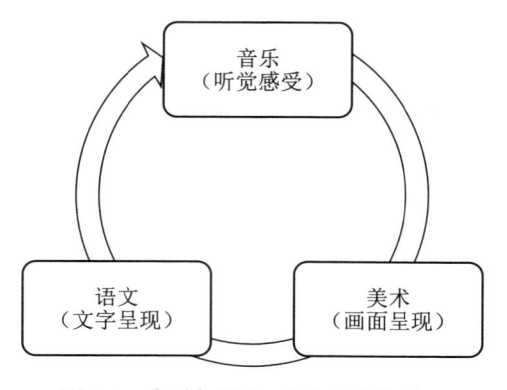

图 2-1 音乐与语文、美术学科的联系

（二）内容整合

经过对三四年级音乐教材中民乐欣赏作品的梳理，结合作品的表现内容与听赏侧重点可将它们整合分成三类：第一类，三年级教材中的民乐作品《马车夫之歌》《快乐的诺苏》《阿细跳月》以音乐中的舞蹈性为重点表现内容；第二类，《彩云追月》《小青蛙》以及四年级教材中的《赛马》《洞庭新歌》《鸟投林》《天山之春》用音乐表现出了壮丽秀美的迷人景色和生动有趣的动物形象；第三类，四年级教材中的《幸福年》《欢乐的火把节》《采茶舞曲》展现了劳动人民的幸福生活。在日常教学中，第一类和第三类作品的学生学习体验会更丰富，课堂中往往会开展表现性活动，学生可以随着音乐加入舞蹈肢体动作或劳动动作进行表演。而第二类作品较难加入肢体表现，大多是请学生用语言将音乐表现的形象表达出来，听赏与评述的活动形式比较有限。故在这里选取第二类作品来构建跨学科民乐大单元项目，用语文、美术学科的表达形式来帮助丰富这些作品的欣赏活动。

《义务教育语文课程标准（2022年版）》对三至四年级学生的表达与交流提出了学段要求：能不拘形式地写下自己的见闻、感受和想象，注意把自己觉得新奇有趣或印象最深、最受感动的内容写清楚。在四年级语文教材中有一个诗歌单元，学生会从中了解现代诗的特点、体会诗歌表达的情感，并学会创作诗歌。"诗歌"从其名字中就能看出，从两千多年前的《诗经》到现在两者都以音韵和节奏之美给人们带来艺术享受，它与音乐本身就是互融共生的。故在此跨学科民乐大单元的四年级教学中，可以把它与语文的诗歌单元联系起来，请学生用诗歌来表达对民乐作品的理解，既能帮助学生把对音乐的无形之感呈现出实在性的成果，又能促进学生艺术核心素养和语文审美创造核心素养的发展。

美术和音乐同为艺术学科。"如果把音乐比作是有声的色彩，那么色彩就是无声的音乐。我们用音乐的语言可以帮助理解美术知识、体会美感；反之，如果用美术的语言来帮助理解音乐，也会使音乐更直观、更易理解。"[3]《艺术课程标准》对三至五年级学生的美术学习提出了学段要求：根据自己对生活的感受与想法，使用不同的工具、材料和媒介，采用写实、夸张等手法进行表现。在美术教材中，三年级中有"有变化的线"，四年级中有"有明暗的色彩"单元，学生对如何运用线条和色彩来绘画逐渐有了更深的了解。所以此跨学科民乐大单元可与美术学科结合，请学生把民乐作品中表现的景色或动物形象画出来，使音乐之美得到视觉上的呈现。考虑到课堂中活动时间的限制，要快速、完整地创作一幅作品可能对三年级学生难度过大，寻找一种既能激发学生创意又能实现高效美术创作的方法就显得尤为重要，一个热门的解决方案浮现出来——运用人工智能绘画。作为一种新型艺术创作方式，人工智能绘画工具使用起来非常方便，通过输入一段描述性的文字，计算机进行自动解析，就可生成同一主题、不同风格的画作，能大大节省课堂上创作的时间。故在此跨学科单元与美术学科联系的教学中，在三年级的创作环节加入人工智能绘画，降低创作难度、提升创作效率，开拓艺术视野，帮助促进学生艺术核心素养的发展。某人工智能绘画工具创作界面和创作示例分别如图2-2和图2-3所示。

将这些内容统一整合，一个跨学科民乐大单元项目就已成形，其框架如图2-4所示。这个单元以创作个人作品集"绘彩入韵境，赋诗颂乐情"为学习任务，每位学生将创作完成属于自己的包含4幅画作、2篇现代诗的作品集，用多元化的表现形式展现自己对民乐作品的理解。有条件的班级还能对作品集进行整合，制作、编印属于班级的作品集合册。

第二章　绘彩入韵境，赋诗颂乐情　　　　　　43

图 2-2　某人工智能绘画工具创作界面

图 2-3　某人工智能绘画工具创作示例

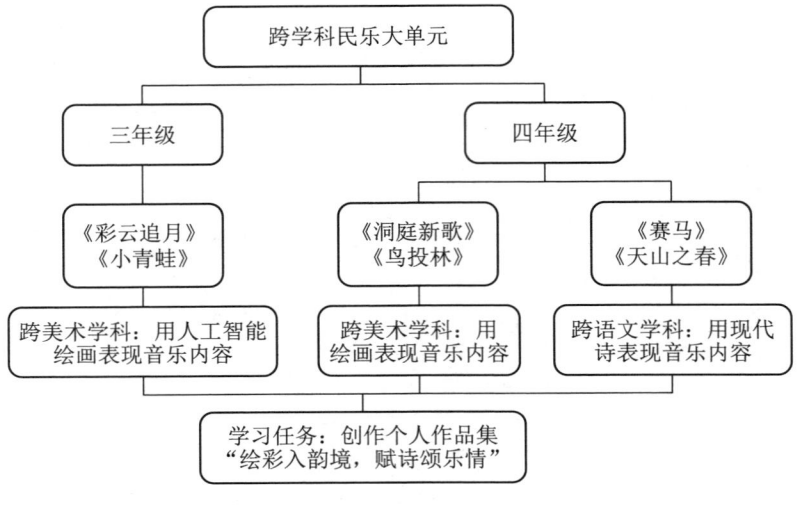

```
                    跨学科民乐大单元
           ┌───────────────┴───────────────┐
         三年级                          四年级
           │                    ┌───────────┴───────────┐
     《彩云追月》            《洞庭新歌》              《赛马》
      《小青蛙》              《鸟投林》             《天山之春》
           │                       │                     │
    跨美术学科：用人工智能    跨美术学科：用         跨语文学科：用现代
    绘画表现音乐内容         绘画表现音乐内容       诗表现音乐内容
                                   │
                        学习任务：创作个人作品集
                        "绘彩入韵境，赋诗颂乐情"
```

图 2-4 跨学科民乐大单元框架

第二节 单元实施方案

一、单元概述

此跨学科民乐大单元教材选自上海音乐出版社《音乐》三年级和四年级的内容，围绕民乐作品展开。单元学习内容主要指向"音乐的表现力"。通过对本单元内容的学习，学生将具备一定的中华民族器乐曲的听觉经验，从乐曲中的民族乐器音色和形象性的旋律、变化的节奏中理解音乐要素对表现音乐呈现的丰富多彩的形象的作用，并能创作完成个人作品集，用富有美感的语文、美术学科的表达方式表现音乐的内容，提高对音乐的听觉理解和审美表现能力。

二、单元教材分析

跨学科民乐大单元教材分析见表2-1。

表2-1 跨学科民乐大单元教材分析

内容	教材内容特征与学习重点	教学基本要求标引
彩云追月	【内容特征】 1. 教材的小乐队版本以高胡等民族乐器结合电声乐器细腻地描绘了夜空中彩云缓缓移动,追逐明月的美丽景象; 2. 两个主题旋律悠扬柔美,节奏平稳流畅,营造出一种宁静而梦幻的氛围; 3. 通过旋律的起伏和乐器的音色变化,展现出云月的动态美与静态美的结合 【学习重点】 1. 聆听并感受民族乐器的独特音色、旋律的高低起伏和节奏特点,涂色、视唱两个主题旋律,理解其在表现自然景象中的作用; 2. 学习并使用人工智能绘画将乐曲表现的美丽景色与梦幻氛围画出来,表现出音乐所传达的情感意境	1.1.1 1.1.2 1.2.5 1.2.6 1.3.4 1.4.1 1.4.2 2.1.2 4.1.1 4.2.2
小青蛙	【内容特征】 1. 民族拉弦乐器二胡在乐曲中运用的拨奏、颤弓等演奏技法增强了乐曲对场景的表现力,突出了小青蛙在快乐跳跃嬉戏的形象; 2. 乐曲三个乐段的速度、情绪不同,描绘出天气晴朗和狂风暴雨的不同情景其中的小青蛙形象 【学习重点】 1. 聆听并感受二胡的独特音色,模仿二胡的演奏动作,理解其对表现动物形象和描绘不同情景起到的作用; 2. 涂色、模唱、记忆A段主题旋律,体验上滑音的表现力,理解其在表现动物形象中的作用; 3. 使用人工智能绘画将乐曲表现的小青蛙在天气晴朗和狂风暴雨中的不同场景画出来,表达出对音乐的感受和理解	1.1.1 1.1.2 1.2.2 1.2.5 1.2.6 1.3.4 2.1.2 4.1.1 4.2.2
洞庭新歌	【内容特征】 1. 古筝演奏的旋律优美抒情,描绘了洞庭湖畔的湖光山色和渔民生活的宁静与和谐; 2. 音乐中融入了地方戏曲元素,使旋律更加具有地方特色和民族风情; 3. 不同乐段中音乐速度、力度、旋律起伏和节奏的变化,展现了洞庭湖上不停变换的美景和渔民的劳动生活	1.1.1 1.1.2 1.2.2 1.2.3 1.2.5 1.2.6 1.3.4

续表

内容	教材内容特征与学习重点	教学基本要求标引
洞庭新歌	【学习重点】 1. 聆听并感受古筝的独特音色和表现力,理解其在描绘自然景色和民族风情中的作用; 2. 欣赏、总结乐曲四个乐段中音乐要素的变化和表现的不同情景; 3. 选择合适的工具、线条与颜色的组合将乐曲表现的不同情景画出来,表达出对音乐的感受和理解	1.4.2 2.1.1 4.1.1 4.1.2 4.1.3 4.2.2
鸟投林	【内容特征】 1. 高胡明亮、富有穿透力的音色和滑音、颤音等演奏技巧,模拟了鸟儿啼鸣和飞翔姿态,生动地描绘了傍晚时分鸟儿归巢投林的景象; 2. 旋律悠扬而略带忧郁,节奏既有欢快的跳跃部分,也有平缓的过渡段落,展现了鸟儿从嬉戏到归巢的不同情景变化 【学习重点】 1. 聆听并感受高胡的独特音色和表现力,模仿它的演奏动作,理解其在描绘自然景象和动物形象中的作用; 2. 听辨、模仿音乐中模拟鸟鸣的音效部分,增强对音乐细节的感知能力; 3. 选择合适的工具、线条与颜色的组合将乐曲中表现的鸟儿归巢之景画出来,表现出热闹和宁静的不同氛围	1.1.1 1.1.2 1.2.5 1.2.6 1.3.4 1.4.1 2.1.1 4.1.1 4.1.2 4.1.3 4.2.2
赛马	【内容特征】 1. 二胡以急促有力的节奏和激昂的旋律,展现了赛马场上紧张激烈的竞赛场景; 2. 快弓、跳弓、拨弦、颤音等二胡演奏技巧的运用模拟了马蹄声、马鸣声、观众的欢呼声等赛马现场丰富的音响效果 【学习重点】 1. 聆听并感受二胡的独特音色、旋律起伏和节奏特点,模仿二胡的演奏和不同技巧动作,理解其对表现赛马盛况场景起到的作用; 2. 根据乐曲两个主题的情绪,分别设计节奏型,用打击乐器为乐曲伴奏; 3. 运用语文诗歌单元所学知识,组织语言创作现代诗将乐曲表现的激烈赛马场景描绘出来	1.1.1 1.1.2 1.2.5 1.2.6 1.3.4 1.4.1 2.1.1 4.1.1 4.1.2 4.1.3 4.2.2
天山之春	【内容特征】 1. 以琵琶轮指、扫弦等演奏技巧和其独特的音色,展现了天山脚下春天的美丽景色和少数民族人民的欢乐生活; 2. 旋律欢快而热烈,节奏明快,充满了新疆地区特有的音乐元素和舞蹈节奏,展现了天山春天的生机与活力以及少数民族人民的热情奔放;	1.1.1 1.1.2 1.2.2 1.2.3 1.2.5 1.2.6

续表

内容	教材内容特征与学习重点	教学基本要求标引
天山之春	3. 两段主题旋律以不同的情绪、速度、节奏的变化,表现了天山自然美景从冬入春和人们快乐歌舞的不同情景 【学习重点】 1. 聆听并感受琵琶的独特音色和表现力,学习、模仿琵琶的基本演奏技巧,理解其在表现民族音乐、地域特色、音乐情景中的作用; 2. 对比、总结两段主题旋律音乐要素的不同所展现出的不同情景; 3. 运用语文诗歌单元所学知识,组织语言创作现代诗将乐曲表现的天山美景描绘出来	1.3.4 1.4.2 2.1.1 4.1.1 4.1.2 4.1.3 4.2.2
备注	6首作品用音乐表现出了壮丽秀美的迷人景色或生动有趣的动物形象,根据内容与学生年段的不同,设计如下跨学科学习项目: 1. 三年级《彩云追月》《小青蛙》跨美术学科,用人工智能绘画表现音乐内容; 2. 四年级《洞庭新歌》《鸟投林》跨美术学科,用绘画表现音乐内容; 2. 四年级《赛马》《天山之春》跨语文学科,用现代诗表现音乐内容	

三、单元目标

(一) 年级目标

跨学科民乐大单元年级目标见表2-2。

表2-2 跨学科民乐大单元年级目标

目标领域	课程主题		目标及水平	关键能力
认知 (能力)	1. 感受 与欣赏	1.1 音乐情感与形象	1.1.1 辨别音乐的不同情绪(B) 1.1.2 阐释对不同音乐情境与形象的联想(B)	审美 感知
		1.2 音乐要素	1.2.2 辨别音乐的速度及其变化(B) 1.2.5 辨别不同的器乐音色(B)	
		1.3 音乐体裁与风格	1.3.4 辨别不同的器乐演奏形式(B)	
		1.4 音乐相关文化	1.4.1 知道音乐家生平与代表作(A) 1.4.2 区分不同时代、民族、地域等文化背景中的音乐(B)	文化 理解

续表

目标领域	课程主题		目标及水平	关键能力
认知（能力）	2. 表现	2.1 识读乐谱	2.1.1 视唱（奏）短小旋律（B） 2.1.2 按音乐记号与术语读谱唱（奏）（B）	艺术表现
		2.2 演唱	无	
		2.3 演奏	无	
		2.4 综合性艺术表演	无	
	3. 创造	3.1 探索音响	无	创意实践
		3.2 即兴编创	无	
		3.3 音乐创作	无	
情感	4.1 审美观念		4.1.1 主动表达对音乐情感、形象的个人见解（B） 4.1.3 表现出对我国民族民间音乐的喜爱和接纳（B）	必备品格
	4.2 实践态度		4.2.2 依据表演标准与创造规则开展活动（B）	

（二）单元目标

1. 音乐学科

（1）感知、辨别本单元作品在乐器音色、节拍韵律、旋律音高与节奏形态等音乐要素的特征和音乐的不同情绪，并愿意交流、阐释对音乐的情感体验和情景联想。（1.1.1＋1.1.2＋1.2.2＋1.2.5＋4.1.1）

（2）在教师的指导下辨别不同民族器乐作品的演奏形式，比较其差异，并依据创造规则开展创造活动，运用合适的方法赏析单元器乐作品的表现特点。（1.3.4＋4.1.2＋4.2.2）

（3）借助音高提示，按音乐记号与术语视唱带有特殊节奏的单元作品主题旋律。（2.1.1＋2.1.2）

（4）记忆并复述单元作品作曲家生平与代表作，区分不同民族、地域文化背景中的音乐,表现出对我国民族民间音乐的喜爱与接纳。
(1.4.1+1.4.2+4.1.3)

2. 语文学科

能以现代诗的形式写下自己对单元音乐作品的感受、理解和想象,把自己印象最深、最受感动的内容写清楚,措辞流畅自然。

3. 美术学科

能用传统或现代的工具、材料和媒介,尝试运用各种表现形式和方法,创作富有创意的美术作品,表达对单元音乐作品的感受、理解和想象。

4. 核心素养

完成个人作品集"绘彩入韵境,赋诗颂乐情",在此过程中发展技术运用的实践创新素养、遇到问题勇于探究的科学精神素养,提升审美情趣、人文积淀的人文底蕴素养,增强国家认同的责任担当素养。

四、单元问题链设计

(一) 单元基本问题

(1) 中国民乐作品中,作曲家是如何运用音乐基本要素与表现形式的变化来表现迷人景色与动物形象的?

(2) 在艺术创作中,如何运用恰当的、多元化的表现形式来体现对本单元作品表现内容的理解?

(二) 课时关键问题

跨学科民乐大单元课时关键问题见表 2-3。

表 2-3 课时关键问题

《彩云追月》	1. 乐曲的速度和节拍韵律是怎样的?让你联想到怎样的情景? 2. 乐曲第一主题和第二主题的旋律起伏有什么变化?让你联想到怎样不同的画面? 3. 你向人工智能绘画平台输入哪些关键词来描述你想创作的画面?

《小青蛙》	1. 音乐旋律让你联想到哪种小动物？它的形象是怎样的？ 2. 乐曲是由什么乐器演奏的？三个乐段让你分别联想到怎样不同的场景，音乐中哪些要素的变化带给你这样的感受？ 3. 你向人工智能绘画平台输入哪些关键词来描述你想创作的画面？
《洞庭新歌》	1. 乐曲是由什么民族乐器演奏的？它的音色如何？ 2. 乐曲可以分为几段，每一段的速度、力度有什么变化？ 3. 每一段分别表现出洞庭湖上怎样的景色？请你选择合适的工具、线条与颜色的组合将它绘画出来。
《鸟投林》	1. 乐曲表现了哪种动物？是由什么乐器演奏的？它和二胡的区别是什么？ 2. 每一段中鸟儿们在干什么？你联想到了怎样的情景？ 3. 你将选择什么工具，运用怎样的线条与颜色来画出乐曲表现的场景？
《赛马》	1. 乐曲由什么民族乐器演奏？表现出了什么动物的声音？ 2. 乐曲三段的速度、节奏、情绪是怎样变化的？让你联想到赛马场上怎样的场景。 3. 你将用怎样的语句创作现代诗，将乐曲表现的赛马场景描绘出来？
《天山之春》	1. 这是哪个少数民族的音乐？乐曲是用什么民族乐器主奏的？ 2. 乐曲每一乐段的节拍、节奏、速度是怎样的，分别描绘出天山怎样的情景。 3. 你将用怎样的语句创作现代诗，将乐曲表现的天山美景描绘出来？

五、单元评价

跨学科民乐大单元各学科单元评价分别见表 2-4 至表 2-6。

表 2-4　音乐学科单元评价

评价维度		评价内容	观测指标	评价标准	单元目标指向
能力（成果）	审美感知	1.1 音乐情感与形象	1. 辨别本单元音乐不同情绪的情况	能表达对一段音乐情绪的感受 能对比表达两种不同音乐情绪的感受 能用不同方式区分音乐的情绪 能根据音乐情绪的不同，区分段落 ☆☆☆完成 4 项 ☆☆完成 2~3 项 ☆完成 1 项	单元目标 1

第二章 绘彩入韵境,赋诗颂乐情

续表

评价维度		评价内容	观测指标	评价标准	单元目标指向
能力（成果）	审美感知	1.1 音乐情感与形象	2. 阐释对本单元音乐产生情境与形象联想的情况	① 能根据音乐音响的感受,说出对音乐情境与形象的联想、想象 ② 能根据音乐要素,说出对音乐情境与形象的联想、想象 ③ 能根据音乐的标题和内容,说出对音乐情境与形象的联想、想象 ④ 能用多种方式表现对音乐情境与形象的想象 ☆☆☆完成②③④ ☆☆完成②④或③④ ☆完成①④	单元目标1
		1.2 音乐要素	1. 辨别音乐速度、力度等音乐要素及其变化的情况	☆☆☆能描述音乐速度、力度等其他音乐要素变化的特点,并区分段落 ☆☆能描述音乐速度、力度等其他音乐要素变化的特点 ☆经提示,能描述对音乐速度、力度变化的感受	
			2. 辨别不同的乐器音色的情况	说出乐器的名称 能模仿乐器演奏的姿势 用自己的语言和声音描述对乐器音色的感受 在乐曲中听到特定乐器的音色,用适当的方式表示 能在完整的音乐段落中判断主奏乐器或其出现顺序 ☆☆☆完成5项 ☆☆完成3~4项 ☆完成1~2项	
		1.3 音乐体裁与风格	1. 辨别不同民族器乐作品演奏形式的情况	☆☆☆能根据乐器音色及声部数量情况,正确判断乐曲的演奏形式 ☆☆经启发,能根据乐器音色及声部数量情况,正确判断乐曲的演奏形式 ☆在充分的交流中,能说出乐曲的演奏形式	单元目标2

续表

评价维度	评价内容	观测指标	评价标准	单元目标指向
能力（成果）	艺术表现	2.1 识读乐谱	按音乐记号与术语视唱短小旋律的情况	☆☆☆能按音乐记号与术语，有表情地、以正确速度视唱短小旋律 ☆☆能在提示下，按音乐记号与术语的含义，按节奏正确视唱旋律 ☆能模仿他人，按音乐记号与术语的含义，认读音高位置视唱旋律	单元目标3
能力（成果）	文化理解	1.4 音乐相关文化	区分不同民族、地域文化背景中的音乐的情况	☆☆☆能正确判断乐曲的民族、地域文化背景 ☆☆经提示，能判断乐曲的民族、地域文化背景 ☆经充分的交流，说出乐曲的民族、地域文化背景	单元目标4
学习习惯/兴趣	审美感知	1.1 音乐情感与形象	与老师、同伴交流对音乐情绪的感受以及情境与形象联想的情况	☆☆☆能主动地描述与分享 ☆☆能在教师的适当启发下主动地描述与分享 ☆能在教师和同伴的适当帮助、提示下描述与分享	单元目标1
学习习惯/兴趣	审美感知	1.2 音乐要素	探索音乐速度、力度等音乐要素及其变化，以及乐器音色的情况	☆☆☆能主动地探索与交流 ☆☆能在教师的适当引导下探索与交流 ☆能在教师和同伴的充分帮助、提示下探索与交流	单元目标1
学习习惯/兴趣	审美感知	1.3 音乐体裁与风格	了解结构简短的常见器乐体裁，以及不同器乐演奏形式的情况	☆☆☆能灵敏地对作品的器乐体裁、演奏形式作出反应 ☆☆能在适当提示下，对作品的器乐体裁、演奏形式作出反应 ☆能在充分的提示下，对作品的器乐体裁、演奏形式作出反应	单元目标2
学习习惯/兴趣	文化理解	1.4 音乐相关文化	分享、交流音乐相关文化与见解的情况	☆☆☆能主动地表达交流 ☆☆能在教师的组织、引导下表达交流 ☆愿意通过模仿他人进行表达交流	单元目标4

第二章 绘彩入韵境,赋诗颂乐情

表 2-5 语文学科单元评价

观测指标	评价标准
场景描绘与情感共鸣	☆☆☆能够生动地描绘出音乐所表现的场景,让读者仿佛置身于音乐之中,并感受到音乐所传达的情感 ☆☆能够较为清晰地描述音乐中的某个场景,虽不够生动,但能引起一定的情感共鸣 ☆尝试描绘了音乐中的某个元素或场景,但表达较为简单,情感传递不够明显
情感真挚与投入	☆☆☆诗歌中流露出真挚的情感,能够让读者感受到作者对音乐的热爱和投入 ☆☆情感表达较为真诚,但可能因为经验不足而略显稚嫩 ☆尝试在诗歌中表达情感,但可能因为理解不深或表达技巧不足而显得平淡
想象力与创意	☆☆☆诗歌中展现出丰富的想象力,能够创造出独特的音乐场景或形象,给人以新颖的感受 ☆☆诗歌中有一定的想象力体现,但创意较为常规,不够突出 ☆尝试在诗歌中运用想象,但表现较为平淡,缺乏新意
语言表达与流畅性	☆☆☆诗歌语言流畅自然,用词准确生动,能够很好地表达自己的思想和情感 ☆☆语言表达基本清晰,但偶有不通顺或不合逻辑之处,需要进一步润色 ☆语言表达较为简单,可能存在用语错误,让人难以理解的情况
整体感受与鼓励	无论星级如何,都鼓励学生勇于尝试创作现代诗,表达自己对音乐的理解和感受;重要的是他们的参与和表达过程,而非最终作品的完美程度

表 2-6 美术学科单元评价

观测指标	评价标准
人工智能绘画工具的使用	☆☆☆能够准确选取与音乐主题、描绘场景相匹配的关键词,生成的图像与音乐内容高度契合,具有美感 ☆☆选择的关键词基本能反映音乐的特征,但可能不够精确,生成的图像与音乐内容有一定关联但不够契合,美感上略微缺乏 ☆关键词选择较为随意,与音乐内容关联不大,生成的图像难以体现音乐中的景色或动物形象,画面缺乏美感

续表

观测指标	评价标准
主题明确与音乐契合度	☆☆☆绘画作品明确体现了音乐中描绘的景色或动物形象,色彩、构图与音乐氛围高度契合,能够让人一眼联想到相应的音乐场景 ☆☆绘画作品基本能够反映出音乐中的主题,但部分元素与音乐氛围的契合度有待加强 ☆尝试在绘画中表现音乐主题,但画面内容与音乐关联不够紧密,主题不够明确
色彩运用与表现力	☆☆☆色彩运用得当,能够准确表达音乐中的情感与氛围,色彩之间的搭配和谐且富有层次感,增强了画面的表现力 ☆☆色彩运用基本合理,但可能在某些细节上处理不够精细,色彩表现力有待提升 ☆色彩运用较为简单,可能缺乏对比和层次感,导致画面表现力不足
构图与细节处理	☆☆☆构图巧妙,能够合理安排画面中的元素,使景色或动物形象成为视觉焦点,同时注重细节处理,使画面更加生动细腻 ☆☆构图基本合理,但可能在元素布局或细节处理上略显生硬,影响整体美观 ☆构图较为随意,缺乏明确的视觉中心,细节处理不够精细,影响画面的观赏效果
想象力与创意	☆☆☆作品中展现出独特的创意和丰富的想象力,能够创造出给人以惊喜的场景画面 ☆☆绘画中有一定的创意体现,但整体仍较为传统,缺乏令人眼前一亮的元素 ☆创作风格较为保守,缺乏明显的创意和想象力,作品显得较为平淡
技能与技巧展示	☆☆☆作品中展现了较高的绘画技能和技巧,如线条、色彩、构图处理得当,使画面具备艺术感 ☆☆绘画技能较为扎实,但在某些技巧的运用上可能不够熟练或创新 ☆绘画技能有待提升,可能在线条、色彩或构图方面存在明显不足
整体感受与鼓励	无论星级如何,都鼓励学生勇于尝试绘画创作,表达自己对音乐的理解和感受;重要的是他们的参与和创作过程,而非最终作品的完美程度

第二章 绘彩入韵境,赋诗颂乐情　　　　　　　　55

第三节　典型实践案例

一、教学设计

【学习内容】

《彩云追月》。

【课时目标】

(1) 欣赏《彩云追月》小乐队版,感受并辨别其中高胡等民族乐器的独特音色和乐曲节拍韵律、速度、旋律音高、节奏形态的特点,愿意交流、阐释其表现的夜空中彩云缓缓移动、追逐明月的美丽景象。(音乐单元目标1)

(2) 借助音高提示,分别涂色、描画两个主题的旋律线,按音乐记号视唱两段主题旋律,对比、总结两段主题旋律起伏和节奏的不同,并对它们表现的不同夜景画面展开联想。(音乐单元目标1、3)

(3) 记忆并复述作曲家任光及其代表作,了解广东音乐清新悠扬的风格特点,激发对我国民族民间音乐的喜爱。(音乐单元目标4)

(4) 学习并使用人工智能绘画创作富有创意的美术作品,以表现《彩云追月》的美丽景色与梦幻氛围,体现对音乐的感受、理解和想象。(美术单元目标)

【课时关键问题】

(1) 乐曲的速度和节拍韵律是怎样的？让你联想到怎样的情景？

(2) 乐曲第一主题和第二主题的旋律起伏有什么变化？让你联想到怎样不同的画面？

(3) 你向人工智能绘画平台输入哪些关键词来描述你想创作的

画面?

【课时资源支持】

学习任务单(见图 2-5)、某人工智能绘画工具。

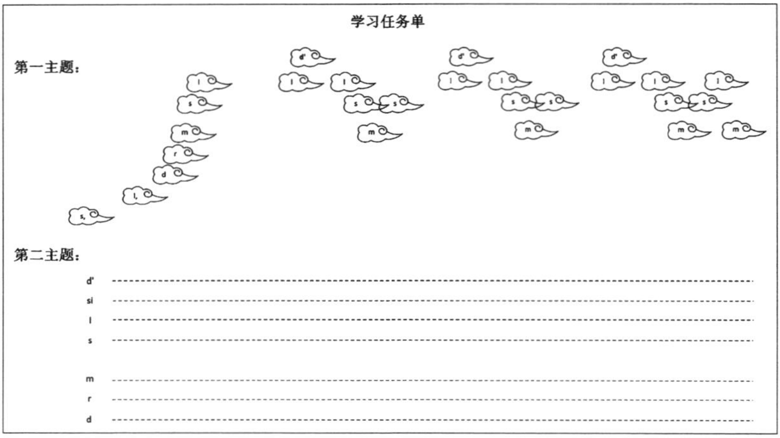

图 2-5 学习任务单

【课时评价设计】

共设计了 2 个评价表,分别为简单核查表(见表 2-7)和简单的等第判断表(见表 2-8)。

表 2-7 评价表:简单核查表

评价内容	学习结果核查	
能描述音乐的节拍韵律和速度特点	□能	□不能
能辨别并说出高胡等民族乐器及其音色特点	□能	□不能
能复述作曲家任光及其代表作	□能	□不能
能说出作品属于广东音乐及它的风格特点	□能	□不能

第二章 绘彩入韵境,赋诗颂乐情

表 2-8 评价表:简单的等第判断表

评价内容	等第判断	评价维度
阐释对音乐表现情境与形象联想的情况	① 能根据音乐音响的感受,说出对音乐情境与形象的联想、想象 ② 能根据音乐要素,说出对音乐情境与形象的联想、想象 ③ 能根据音乐的标题和内容,说出对音乐情境与形象的联想、想象 ④ 能用语言、视唱、绘画等多种方式表现对音乐情境与形象的想象 等第标准说明: ☆☆☆完成②③④　☆☆完成②④或③④　☆完成①④	学业成果
辨别主题旋律音乐要素的特点及其变化的情况	☆☆☆能对比、总结两段主题旋律音高、节奏形态的不同,并区分段落 ☆☆能对比、总结两段主题旋律音高、节奏形态的不同 ☆经提示,能对比、总结两段主题旋律音高、节奏形态的不同	
视唱两段主题旋律的情况	☆☆☆能按旋律谱与音乐记号,有表情地、以正确速度视唱主题旋律 ☆☆能在提示下,按旋律谱与音乐记号,有表情地、以正确节奏视唱主题旋律 ☆能模仿他人,按旋律谱与音乐记号,认读音高位置并视唱主题旋律	
描画第二主题旋律线的情况	☆☆☆能正确描画旋律线,音高、节奏均正确 ☆☆能基本正确地描画旋律线,音高或节奏错误少于 3 个 ☆经指导,能基本正确地描画旋律线	
使用人工智能绘画的情况	☆☆☆能够准确选取与《彩云追月》主题、描绘场景相匹配的关键词,生成的图像与音乐内容高度契合,具有美感 ☆☆选择的关键词基本能反映《彩云追月》的特征,但可能不够精确,生成的图像与音乐内容有一定关联但不够契合,美感上略微缺乏 ☆关键词选择较为随意,与《彩云追月》关联不大,生成的图像难以体现音乐中的景色,画面缺乏美感	

续表

评价内容	等第判断	评价维度
与老师、同伴交流对音乐表现情境与形象联想的情况	☆☆☆能主动地描述与分享 ☆☆能在教师的适当启发下主动地描述与分享 ☆能在教师和同伴的适当帮助、提示下描述与分享	学习习惯/兴趣
探索音乐节拍韵律、速度、乐器音色、旋律等音乐要素特点及其变化的情况	☆☆☆能主动地探索与交流 ☆☆能在教师的适当引导下探索与交流 ☆能在教师和同伴的充分帮助、提示下探索与交流	
分享、交流音乐相关文化与见解的情况	☆☆☆能主动地表达和交流 ☆☆能在教师的组织、引导下表达交流 ☆愿意通过模仿他人进行表达交流	
使用人工智能绘画工具的情况	☆☆☆能主动地探索与使用人工智能绘画工具 ☆☆能在教师和同伴的适当引导下探索与使用 ☆能在教师和同伴的充分帮助、提示下探索与使用	

【教学流程与课时要点】

（一）初听感受

1. 聆听第一乐段

提问：音乐的情绪是怎样的，带给你怎样的感受？

2. 揭示课题

教师简要介绍乐曲来历、作曲家任光及其代表作。

3. 师生交流音乐要素特点

关键设问：乐曲的速度和节拍韵律是怎样的？让你联想到怎样的情景？

4. 小结

《彩云追月》以中速稍慢的速度、4/4拍强—弱—次强—弱的节拍韵律，为我们展现了一幅优美、宁静的夜空美景。

教学意图说明

（1）**学习要点**：知道乐曲来历、作曲家任光及其代表作；交流乐曲的速度、节拍和韵律特点以及对它所表现的迷人夜景的联想。

（2）**指导与反馈要点**：教师对乐曲来历、作曲家任光及其代表作作简要介绍；必要时增加聆听次数并以指挥手势做提示，引导学生正确描述乐曲的速度和节拍韵律，鼓励学生对音乐描绘的夜景展开联想。

（3）**评价要点**：正确描述乐曲的速度和节拍韵律特点，对夜景展开的联想与音乐相符。

(二) 分段欣赏

1. 欣赏第一主题

（1）聆听第一主题。教师提问：这一部分的主奏乐器是什么？它的音色特点是怎样的？师生交流后，教师简要介绍高胡及其清澈明亮的音色特点。

（2）出示第一主题旋律谱。

1）用 lu 哼唱主题旋律。教师提问：第一主题的旋律走向是怎样的？

2）为旋律谱的云朵图案涂色。

3）展示部分学生上色的旋律谱。

4）看着彩色旋律谱，视唱第一主题旋律。

2. 欣赏第二主题

（1）聆听第二主题。关键设问：第二主题的旋律起伏和第一主题相比，有什么变化？

（2）描画第二主题旋律线。

1）根据音高位置，自绘云朵图案连成旋律线，并上色。

2）展示部分学生旋律谱成果。

（3）看着旋律谱，用 lu 哼唱第二主题旋律。

（4）看着旋律谱，视唱第二主题旋律。

3. 对比两段主题旋律

关键设问：两段主题旋律让你联想到怎样不同的画面？

4. 小结

第二主题旋律线条拉得更长，音与音之间的跨度更大，让我们联想到夜更深了，云朵与云朵飘散得越来越远，露出了更多的夜空。

> **教学意图说明**
>
> （1）学习要点：感受、辨别高胡的音色特点；分别涂色、描画两个主题的旋律线，然后视唱两段主题旋律；对比、总结两段主题旋律起伏和节奏的不同，并对它们表现的不同夜景画面展开联想。
>
> （2）指导与反馈要点：教师对高胡及其音色特点作简要介绍；画第二主题旋律线时对音与音之间的距离略作提示，并在展示学生成果时强调音高与节奏的正确性以及谱上的色彩与线条感，为学生想象两段主题展现的不同夜景画面做好铺垫。
>
> （3）评价要点：音高正确、节奏正确地描画第二主题旋律线；有表情地、以正确速度视唱两段主题旋律；正确说出两段主题旋律起伏和节奏的不同，想象的夜景画面符合两段主题旋律的特点。

(三) 运用人工智能绘画表现《彩云追月》

1. 教师介绍人工智能绘画工具

教师简要介绍人工智能绘画工具的使用方法，举例示范如何在平台中输入关键词,格式为艺术风格+画面内容。

2. 学生使用人工智能绘画工具

学生使用人工智能绘画工具表现《彩云追月》,具体流程如下。

(1)学生为两段主题旋律创作不同的画面。关键设问:你向人工智能绘画平台输入哪些关键词来描述你想创作的画面?

(2)展示部分学生的创作成果。学生交流关键词的选择。

(3)学生调整、完善自己的作品。

> **教学意图说明**
>
> (1) **学习要点**:学习并使用人工智能绘画工具创作美术作品以表现《彩云追月》。
>
> (2) **指导与反馈要点**:教师介绍人工智能绘画工具的使用方法,强调关键词输入需包含艺术风格和对画面内容的描述,并示范举例;在展示学生成果时除了对作品美感、图像与乐曲的契合程度进行评价,还要指导学生解决人工智能绘画中容易出现的画面问题,以便学生后续调整、完善作品。
>
> (3) **评价要点**:主动探索与使用人工智能绘画工具;准确选取与《彩云追月》主题、描绘场景相匹配的关键词,生成的图像与音乐内容契合,具有美感。
>
> **技术与资源支持:**
> 某人工智能绘画工具。

(四)完整欣赏

1. 视听欣赏《彩云追月》

伴着乐曲,放映学生创作的人工智能绘画作品。教师提问:乐曲第一、第二主题出现的顺序是怎样的?

2. 广东音乐

教师简介《彩云追月》属于广东音乐及其具有的清新悠扬的风格特点。

3. 课堂小结

教师归纳总结本课时内容。

> **教学意图说明**
>
> （1）**学习要点**：视听结合欣赏作品，划分乐曲段落；知道作品属于广东音乐及其风格特点。
>
> （2）**指导与反馈要点**：完整视听欣赏时结合旋律谱对主题旋律出现的顺序略作提示；对《彩云追月》属于广东音乐及其清新悠扬的风格特点作简要介绍。
>
> （3）**评价要点**：正确划分乐曲段落。

（五）作品存档

课后，教师收集学生作品并保存，为学生个人作品集"绘彩入韵境，赋诗颂乐情"做好第一个作品的存档工作。

二、教学案例实践效果

（一）审美感知

对三年级学生而言，他们往往能感受到民乐作品中的美，但要总结出其中各音乐要素的特点及它们如何表现出乐曲之美是一大难点。在此教学案例中，学生不仅聆听、视唱了《彩云追月》两段主题旋律，还亲自涂色、描画旋律线，不论是在听觉还是视觉上都对主题旋律的音高起伏、节奏形态等特征有了更深入的认识，也更理解了各音乐要素对乐曲营造的宁静、梦幻氛围的表现作用。预期在未来的民

第二章 绘彩入韵境,赋诗颂乐情　　63

乐作品欣赏过程中,学生们将能更全面、更细致地感知和总结我国民乐美的特征及其意义,丰富审美体验,提升审美情趣。

(二) 艺术表现

思想感情是无形的,但我们可以通过艺术表现形式将它表达出来。在本案例中,学生在最后的绘画创作环节就将自己对《彩云追月》的理解、感知借助人工智能绘画工具表达出来,他们的作品风格各异,有新中式水墨风格、卡通插画风格、浪漫古风等,丰富多样的作品展现出他们精彩纷呈的内心世界,也让学生们意识到艺术活动中联想和想象的发挥、艺术表达语言的选用可以打破学科与学科间的界限,在这个跨学科活动中,心灵间的情感沟通、智慧火花的交流碰撞都得以展现。

(三) 创意实践

人工智能技术的飞速发展为创意实践提供了便捷的工具和丰富的选择空间,如今,普通大众也能随时随地利用人工智能工具参与艺术创作,发挥个人创意。在此案例中,学生们就探索和体验了这一创意表达工具,有的学生画出的云月超出了地球范围,悬浮在浩瀚的宇宙中;有的学生画出了想象中的未来城市,云层仿佛是由能量构成的透明薄膜包裹着城市;还有的学生创作出了好几幅连环作品,讲述了一个彩云追月的传奇故事;等等。他们在输入关键词、调整画面图像、尝试不同艺术风格的过程中展现出了独特的艺术视角和创新能力,进一步开拓了艺术视野,激发了创作潜能。

(四) 文化理解

在此教学案例中,通过学习《彩云追月》这首具有鲜明地域色彩的作品,学生对我国著名作曲家任光以及广东音乐清新悠扬的风格特点有了一定了解。在最后的创作过程中，学生需要深入理解音乐背后的文化内涵，如夜空中的彩云与明月所蕴含的诗意与意境，从而更准确地通过绘画表现音乐主题。这一过程加深了学生对中国民乐作品和中华传统文化的认识，激发了他们对我国民族民间音乐的喜爱，有效弘扬了文化自觉与文化自信的精神内涵。

三、教学反思

（一）学段衔接

此跨学科项目目前只在三四年级展开，还未与一二年级和五年级进行衔接。如果能把握住学生在第一学段《唱游》中的民乐学习基础，再更好地过渡到小学最高年段民乐作品的学习，同时兼顾学生语文与美术学科表达能力的发展，此项目将会更完整、更具连续性。

（二）人工智能工具拓展

此项目选用了某款人工智能绘画工具为三年级学生使用，而现在人工智能领域的创新工具还有很多，可以不仅局限于静态图像的绘制，有些还能帮助用户便捷地创作出动图、视频乃至音乐，这些内容也许可以更形象、更深刻地表现出学生对音乐作品的理解。故之后可以对此项目中运用的人工智能工具进行拓展，继续丰富学生的创作形式和内容，为他们打开一扇通往无限创意与想象的大门。

（三）作品与学科延伸

此项目以我国民乐作品为核心开展跨学科的大单元设计，加深学生对我国民族民间音乐的理解，取得了不错的教学效果。后续可以将这一设计思路延伸至更多其他类型的作品，探寻音乐和其他更多学科的相互联系，从而继续丰富小学音乐跨学科实践经验，深化落实小学音乐跨学科教学理念，加深学生对音乐艺术的深入理解，促进艺术核心素养全面发展。

参考文献

　　[1]夏雪梅.跨学科学习：一种基于学科的设计、实施与评价[M].北京：教育科学出版社,2024.

　　[2]郭沫若.公孙尼子与其音乐理论[M]//郭沫若.青铜时代.北京：科学出版社,1957.

　　[3]赵传栋.跨学科学习：神奇的学科跨越[M].上海：上海远东出版社,2020.

第三章 "'小竹宝'成长记"

——小学音乐跨学科数字化课程探索

教师简介：

张彤慧，徐汇区田林第四小学二级教师，教龄5年。上海音乐学院研究生学历，多次指导学生参加上海市艺术单项比赛，荣获声乐专场金奖、银奖等优异成绩；并指导田林四小校合唱团参加上海市徐汇区合唱比赛，荣获区一等奖的优异成绩。2023年带领田林四小"竹梦未来"班队合唱队代表徐汇区参加上海市学生合唱节，获得上海市学生合唱节2023年优秀展演奖。

第三章 "'小竹宝'成长记"

在《义务教育艺术课程标准（2022年版）》（简称《艺术课程标准》）的指导下,艺术教育日益强调美育核心地位与跨学科融合的教育模式。课程"'小竹宝'成长记"正是在这一理念下设计的,以竹笛演奏学习为主线,将音乐与自然、体育、美术等学科有机结合,形成了一个多维度的综合课程。课程注重学生的艺术实践与创造性发展,通过丰富的跨学科活动激发学生的学习兴趣,培养他们的审美素养、情感表达与文化自信。同时,课程通过数字化手段,提升了学生的学习体验与合作意识,促进了其全面发展。本文将围绕"'小竹宝'成长记"的课程背景、设计理念及教学实施展开探讨,为进一步推动艺术教育的多学科融合提供参考。

第一节 课程设计展示

一、课程框架

（一）背景分析

《艺术课程标准》的课程理念中指出:艺术教育应突出课程综合,以各艺术学科为主体,加强与其他艺术的融合,重视艺术与其他学科的联系,充分发挥协同育人功能;注重艺术与自然、生活、社会、科技的关联,汲取丰富的审美教育元素,传递人与自然和谐共生理念,促进学生身心健康全面发展。在编写传统纸质艺术教材的同时,要与时俱进,适应数字时代的要求,构建具有视、音、图、文等要素的数字教材,体现直观性、交互性、趣味性。要充分利用现代信息技术,建设丰富的、不断更新的课程资源库,利用"互联网+"的思维和数字化思维探索艺术教材的新形态。[1]

竹文化源于中国劳动人民在长期生产实践和文化活动中的总结,它的形态特征被赋予了一种独特的精神风貌。竹文化的内涵已成为中华民族的品格、禀赋和精神象征,体现出不畏逆境、不惧艰辛、中通外直、宁折不屈的品格。这种精神财富取之不尽,也是竹子独特审美价值的体现。竹子制成的竹笛是我国著名的民族吹管乐器。随着器乐教学在音乐教学中的地位日益提升,学习吹奏竹笛不仅能培养学生的审美感知和了解民族传统文化,还能提升他们的器乐演奏技能,多方面培养学生的核心素养。

徐汇区田林第四小学作为上海市学生民乐联盟学校,一直以竹笛演奏为艺术特长,自建校以来,走出了一条独特的竹笛教学之路,形成了基础、提升、进阶、专业演奏级的竹笛演奏梯队教学模式,培养了大量具有竹笛演奏专项艺术特色的学生,并对艺术专项的培养、能拥有一种艺术专业技能而努力,为学生终生艺术发展而打下扎实的演奏基础。在器乐演奏专业的基础上,针对《艺术课程标准》提出的跨学科、数字化的学习要求,以"核心素养"为主的目标一族为目标,探索了竹笛演奏教学与自然、美术、体育等学科的结合。通过丰富单一的器乐教学,在课程中加入"竹笛数字化应用程序"辅助教学的同时建立数字化资源库,并结合学生身心发展的阶段性和连续性,设计了以"'小竹宝'成长记"为主题的跨学科数字化课程。这样不仅提升了学生的器乐演奏技能,也促进了学生在多个学科领域的综合发展。

(二)课程理念

通过竹笛演奏和竹文化的学习,培养学生的审美能力和人文素养,使学生在感受和欣赏美的过程中,获得心灵的滋养和精神的升华。注重学生在音乐、美术和自然中的实际体验,让学生在亲身参与中感受艺术的魅力和文化的内涵,激发他们的创造力和表现力。通过跨学科的课程设计,将音乐、自然、美术和体育有机结合,形成一个多维度的学习体系,培养学生的综合素质、跨学科思维能力。

坚持通过以美育人、重视艺术体验和突出课程综合的课程理念,设计以竹笛吹奏和竹文化为主的跨学科数字化课程,能够全面培养学生的审美能力、艺术表现力、创新实践能力、文化理解力和共同素养能力。不仅丰富了学生的学习体验,也为他们的全面发展提供了有力支持。

(三) 课程目标

1. 课程总目标

(1) 感知竹文化综合之美通过音乐、自然和美术的结合,培养学生对竹文化的审美感知能力。在竹林中聆听竹笛演奏,观察自然环境的美感,启发学生对声音、色彩的审美感知。能够从竹笛的音色中感受到音乐的优雅与自然之美,欣赏竹子作为一种艺术媒介的独特美感。

(2) 提升艺术表现力能够通过观察、模仿、实践等方法,学习竹笛演奏技巧,参与小组竹笛合奏,举办竹笛音乐会展示演奏成果,提高艺术表现力,培养一技之长。

(3) 增强创意实践能力通过讨论竹子的生态价值,提出保护竹林和生态环境的创意方案,培养创新思维和实践能力。设计和参与与竹笛呼吸节奏相配合的体育游戏,增强创意实践能力。通过装饰竹笛,自由发挥创意将竹文化与艺术创作相结合,提升创意和动手实践能力。

(4) 培养必备品格以小组为单位完成竹笛重奏、自然探究等任务,参与"竹韵艺术节"等综合项目。能够展现合作精神、探究能力、倾听与表达的素养,在团队活动中发挥积极作用。逐步形成懂合作、能探究、懂倾听、会表达的必备品格。

（5）传承文化意识通过学习竹笛的历史文化背景，了解其在中国传统音乐中的地位，增强文化认同感。通过实地考察和环境保护讨论，了解竹子在中国文化和生态系统中的重要性，培养文化理解力。通过在竹笛学习中融入竹子的生态知识与保护理念，引导学生关注自然环境与可持续发展，增强社会责任感。通过在"竹韵艺术节"等综合项目中，展示自己在竹笛演奏、竹笛装饰、环保创意等方面的成果，全面理解和传承竹文化。

2. 课程分年段目标

课程分年段目标见表3-1。

表3-1　课程分年段目标

二年级	三年级	四年级	五年级
1. 通过欣赏竹林美景与竹笛音色，引导学生感受竹笛的音色美，认识竹笛这一乐器的同时实地感受竹林的自然美	1. 通过聆听、欣赏与讨论竹笛经典曲目和少数民族"跳竹竿"表演，在讨论竹笛在中国传统音乐中的作用的同时，拓展对中国民族文化的认识	1. 通过聆听与欣赏不同风格的竹笛音乐，如民间音乐和流行音乐中的竹笛应用，培养学生的审美感知与多元音乐理解	1. 通过聆听与欣赏竹笛演奏大师的视频，能够观察并学习震音、颤音、双吐等复杂的演奏技巧，进一步提升对竹笛演奏技巧的艺术表现感知，同时通过回顾竹子在中国传统文化中的象征意义和实地观察，加深对传统文化与竹子艺术的理解
2. 通过学习基础持笛姿势与简单的吹奏方法，能够初步掌握用竹笛吹奏简单旋律的能力，提升音乐表现力	2. 通过逐步提升竹笛吹奏技巧，能够连贯并准确地进行指法切换，保持音色稳定，并能够演奏两个八度内的单声部歌曲	2. 通过实地考察竹林、观察竹子的生长环境，增强对竹子在生态系统中的作用的文化理解与环保意识	2. 通过系统学习和练习复杂的竹笛技巧，如指法快速切换与气息连贯性，能够掌握独奏与重奏的能力，并能够流畅演奏较复杂的竹笛乐曲，增强其艺术表现力与演奏水平

续表

二年级	三年级	四年级	五年级
3.通过游戏化的学习方式（如模仿游戏、配合动作的吹奏练习），激发学生对竹笛演奏的兴趣，鼓励他们在音乐中加入自己的创意	3.通过学习跳竹竿的基本技巧，将竹笛的吹奏节奏与跳竹竿结合，在小组合作中进行音乐伴奏创编与跳竹竿接力比赛，增强艺术表现能力和创意实践能力	3.通过逐步提升竹笛演奏技巧，学习更复杂的指法和技巧，如装饰音、滑音的吹奏，进一步掌握快速指法切换和连贯气息的运用。能够准确演奏二声部歌曲，并在两两合作和小组合作中展现出良好的节奏感与乐感，发展其艺术表现力与技术水平	3.通过创意设计与动手实践，在设计和装饰竹笛的过程中，提升创意表达与动手能力，并通过展示与讨论，进一步探索音乐与美术的融合，深化审美感知
4.通过了解竹笛的历史背景和文化意义，通过课堂讨论与故事分享，初步建立对竹文化的认知	4.通过小组合作演奏与集体活动，锻炼团队合作精神和培养团队合作能力	4.通过跨学科合作与创意实践，以小组为单位讨论环境保护措施，并通过环保艺术创作培养创意实践与文化理解，提升团队合作与责任感，塑造必备品格	4.通过个人或小组竹笛演奏项目，能够展示所学技巧，进一步进行乐曲结构分析与情感表达，并通过参加区艺术比赛的机会，进一步培养专业化人才与专项艺术技能

（四）课程内容结构

1.课程内容框架

基于课程教学目标与学情，"'小竹宝'成长记"课程预设在二至五年级音乐课堂、自然课堂和体育课堂中实施普及性教学，课程共设置4个单元学习内容，通过与体育、自然、美术学科有机融合，为培养学生建立核心素养上的目标一族，各学科之间相互渗透、相互融合，帮助学生形成全面发展的素质和能力，为他们的终身学习和全面发展奠定坚实基础。

（1）第一单元。学习竹笛的基本演奏技巧，掌握简单旋律与节奏，并通过合作演奏提升音乐表现力和团队协作能力。第一单元课程内容框架见表3-2。

表 3-2 第一单元课程内容框架

单元	内容概要	目标指向	建议年段/课时
第一单元 竹宝竹笛 好朋友	任务一：通过聆听、欣赏来感受竹笛的音色美与意境美、了解竹笛的基本构造和历史背景 1. 了解竹笛的构造（笛身、笛膜、吹孔、指孔）； 2. 知道竹笛的历史和在中国音乐中的地位	目标1 目标5	二年级 10 课时
	任务二：掌握竹笛的基本持笛姿势和吹奏方法 1. 掌握正确自然、放松的持笛方式与持笛姿势，学会正确的手指放置和手臂位置； 2. 学会运用正确的呼吸方法（腹式呼吸）； 3. 能进行简单的吹奏练习，可以发出清晰、稳定的音	目标2	
	任务三：学会吹奏单音和基础音阶 1. 学习简单的单音吹奏； 2. 进行基础的音阶练习（C大调、全音符为一拍）； 3. 两人一组吹奏音阶，自评并互评	目标2 目标3 目标4	

（2）第二单元。以"小竹林"为单位录制一个跳竹竿与竹笛演奏相结合的表演MV，并选择最好的三个作品上传至数字资源库。第二单元课程内容框架见表3-3。

表 3-3 第二单元课程内容框架

	音 乐	体 育	目标指向	建议年段/课时
第二单元 "竹笛" 婉转吹 "竹竿" 拍拍跳	任务一：竹笛在传统音乐中的应用与表现 1. 欣赏竹笛经典曲目； 2. 以小组为单位讨论竹笛在这些乐曲中的表现和作用	任务一：了解少数民族文化中的"竹竿跳" 1. 欣赏我国少数民族"跳竹竿"的表演视频； 2. 了解我国少数民族"跳竹竿"相关文化	目标1 目标5	三年级 10 课时
	任务二：竹笛吹奏的进阶练习与音乐表现力提升 1. 能够连贯并准确地进行快速指法切换； 2. 进一步练习呼吸控制，能确保吹奏时音色稳定； 3. 两个八度内单声部教材歌曲吹奏，能够节奏准确并有乐感地吹奏歌曲旋律	任务二："竹竿操"基本技巧学习与练习 1. 掌握跳竹竿的基本技巧； 2. 能按四分音符、八分音符的竹笛吹奏节奏跳竹竿并能进行移动	目标2 目标3	

第三章 "'小竹宝'成长记"

续表

	音 乐	体 育	目标指向	建议年段/课时
第二单元"竹笛"婉转吹"竹竿"拍拍跳	任务三:竹笛与节奏编创的综合表演 1. 以小组为单位,合作演奏两个八度内单声部教材歌曲; 2. 将所学的四分音符、八分音符、十六分音符组合节奏型为竹笛吹奏的歌曲伴奏	任务三:"竹竿操"节奏创编与表演MV制作 1. 以小组为单位按照创编的音乐节奏"跳竹竿"跳跃移动到指定位置并以小组为单位进行"跳竹竿"接力比赛; 2. 以"小竹林"为单位录制一个跳竹竿与竹笛演奏相结合的表演MV	目标3 目标4 目标5	三年级 10课时

（3）第三单元。以"小竹林"为单位制作一个环保艺术创作手报,并搭配一首二声部竹笛吹奏音频制作成一个"竹林保护手报"讲解宣传片,并选择最好的三个作品上传至数字库。第三单元课程内容框架见表3-4。

表3-4 第三单元课程内容框架

	音 乐	自 然	目标指向	建议年段/课时
第三单元 我与竹子共成长	任务一:聆听、欣赏、了解更多竹笛在不同音乐风格中的应用 1. 欣赏不同风格的竹笛音乐,如民间音乐、流行音乐中的竹笛应用; 2. 以小组为单位,讨论、分析竹笛在不同音乐风格中的表现特点	任务一:走进竹林,竹林探访和生态讨论 1. 以小组为单位实地考察竹林,观察竹子的生长环境和特性; 2. 了解竹子在生态系统中的作用	目标1 目标5	四年级 8课时
	任务二:进一步提升竹笛的演奏技巧,掌握更多复杂的指法和技巧并能配合吹奏教材二声部歌曲 1. 可以正确吹奏装饰音和滑音技巧,能够进行快速指法切换并能保持气息的连贯性; 2. 能够节奏准确并有乐感地完成教材两个八度内二声部歌曲吹奏	任务二:环境保护我知道 1. 讨论竹子在防风固沙水土保持中的作用; 2. 以小组为单位探讨如何保护竹林和生态环境	目标2 目标3 目标4	

续表

	音　乐	自　然	目标指向	建议年段/课时
第三单元 我与竹子 共成长	任务三： 1. 能两两一组有配合地完整吹奏二声部歌曲； 2. 以小组为单位，合作演奏两个八度内单声部教材歌曲	任务三： 1. 以"小竹林"为单位，展示并介绍环保艺术创作，分享创作过程中的想法和环保理念。 2. 以短视频的形式展现环保艺术创作过程和成果。 3. 评选出"环保先锋奖"。	目标2 目标4 目标5	四年级 8课时

（4）第四单元。以"小竹林"为单位筹备"竹韵未来"艺术节活动，包括竹笛演奏、竹笛艺术品展示等形式。第四单元课程内容框架见表 3-5。

表 3-5　第四单元课程内容框架

	音　乐	美　术	目标指向	建议年段/课时
第四单元 竹韵未来	任务一：聆听、欣赏、了解不同的竹笛演奏技巧 1. 观看竹笛演奏大师的演奏视频，进一步观察、欣赏不同的竹笛演奏技巧； 2. 以小组为单位，讨论、分析不同的竹笛演奏技巧所带来的不同艺术表现	任务一："竹子""竹笛""小竹宝"再相遇 1. 回顾竹子在中国传统文化中的象征意义，知道竹子在中国传统艺术（如国画、书法等）中的应用； 2. 再次走入竹林，观察竹子的形态，准确把握竹子的特征	目标1 目标5	五年级 6课时
	任务二：掌握较难的竹笛演奏技巧并能够演奏较复杂的乐曲 1. 正确吹奏震音、颤音、双吐等演奏技巧； 2. 可以完成指法的快速切换和气息的连贯性练习； 3. 能够独奏、重奏较复杂的竹笛乐曲，培养一技之长	任务二：用竹文化设计并装饰竹笛，发挥创意提升动手能力 1. 在纸上绘制竹笛的创意设计图，包括图案、颜色和装饰元素； 2. 结合竹笛的结构特点以小组为单位，进行创意设计讨论	目标2 目标3 目标4	

续表

	音 乐	美 术	目标指向	建议年段/课时
第四单元 竹韵未来	任务三：综合运用所学知识，完成个人或小组的竹笛演奏项目 1. 能够进行个人或小组的竹笛演奏项目，展示学习成果； 2. 演奏时可以进行简单的乐曲结构分析并能正确把握作品情感； 3. 演奏最好的个人或团队代表学校参加区艺术单项比赛，进行竹笛演奏专业化和拔尖人才的培养	任务三：我的竹笛我设计 1. 以小组为单位将他们设计并装饰的竹笛进行展示。竹笛不仅是乐器，更是一件艺术品，学生通过绘画、雕刻、拼贴等方式对竹笛进行个性化设计，体现他们对竹子的理解和艺术审美。 2. 学生在展示中分享设计灵感，讲述竹笛装饰的意义，探索音乐与美术的交融	目标2 目标4 目标5	五年级 6课时

2. 课程单元结构

根据课程目标，设计了本课程的单元结构，按年级、主题纵向展开。课程各单元结构分别如图 3-1 至图 3-4 所示，每个单元由单元主题、单元任务、单元评价、单元总结四个部分组成。

在 4 个单元的学习中，教师评价始终贯穿课堂。学生需根据每节课的教师评价反思生成自评与互评。

(五) 学业质量评估标准

1. 评价内容概述

在本次"'小竹宝'成长记"跨学科数字化课程的评价中，选用了徐汇区田林第四小学吉祥物"小竹宝"作为载体。"小竹宝"是由徐汇区田林第四小学学生设计，作为 2023 年建校 30 周年校庆的纪念形象，象征着学校的竹文化特色。通过"小竹宝"，我们进行了多维度的评价。首先，过程性评价通过观察和记录学生在各个活动中的表现，评估他们的学习态度、合作能力和创新实践能力；其次，成果展示评

```
第一单元        任务一:          赏:                         学生
竹宝竹笛        竹林中竹         1. 欣赏教师吹奏竹笛;        自评
好朋友          宝竹笛初         2. 观赏竹林美景
                相遇
                                 学:
                                 1. 竹笛的成长故事;
                                 2. 竹笛的"身体构造"

                                 玩:
                                 1. 拿一拿、放一放,
                                 我的笛子我爱护;
                                 2. 我问你答,"笛子
                                 构造"我知道

                任务二:          学:                         学生
                竹宝竹笛         1. 掌握竹笛的基本持          自评
                初探索           笛姿势;
                                 2. 学会运用正确的呼         小组
                                 吸方法;                     互评
                                 3. 竹宝吹响小竹笛
                                                             师评
                                 玩: 气息小游戏
                                 1. 闻花香、吹蜡烛;
                                 2. 伙伴一起吹纸片

                                 练:
                                 简单单音吹奏练习

                任务三:          学:                         学生
                竹宝竹笛         1. 巩固吹奏单音;             自评
                配合棒           2. 学会C大调音阶吹奏
                                                             小组
                                 玩:                          互评
                                 1. 我摆指位你说音;
                                 2. 我吹音高你来唱;           师评
                                 3. 小组旋律来接龙

                                 练:
                                 1. 单音吹奏练习;
                                 2. 以全音符为一拍吹
                                 出C大调音阶
```

本单元通过实地欣赏竹林景色与竹笛演奏、认识竹笛、趣味游戏、技能练习等活动,感受我国竹文化中的竹笛音色美和竹林景色美,初步掌握竹笛的吹奏要领及相关的呼吸技巧,感受固定音高乐器的音准,激发学生的音乐学习热情,提升音乐的感知能力;同时,在单元实践活动中关注学生的竹笛演奏习惯、小组内的聆听与配合能力,培养良好的音乐学习习惯

("小竹宝"成长卡 "小竹林"成长记录)

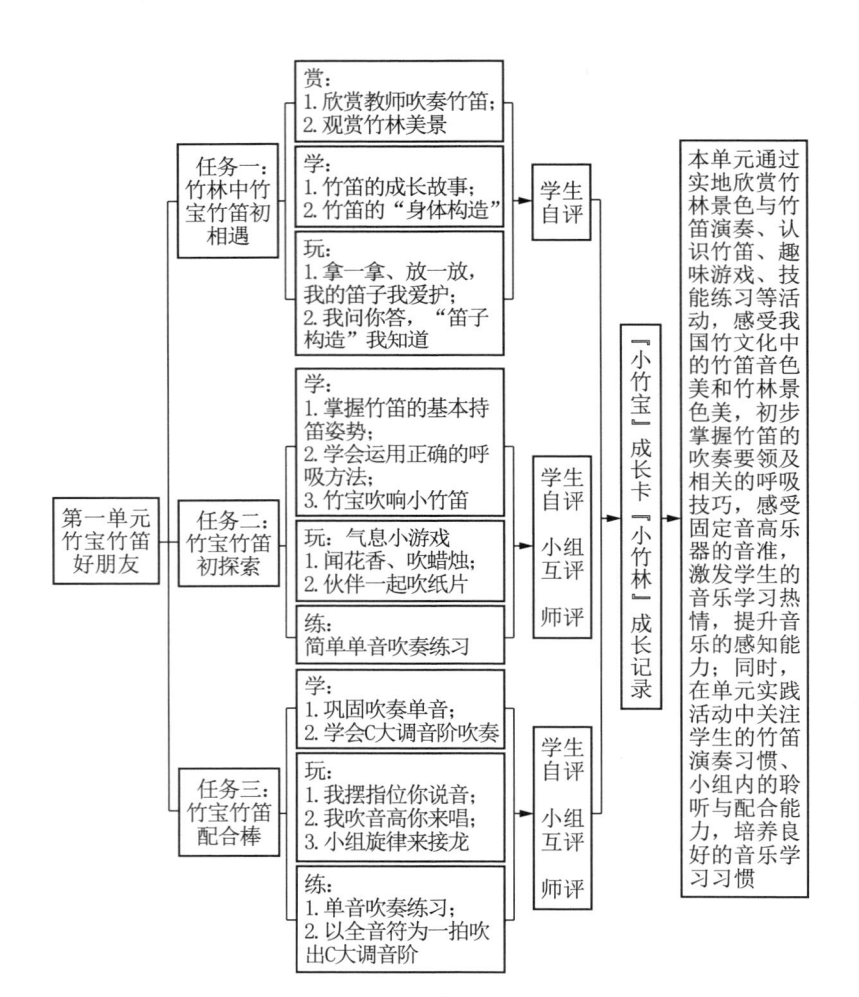

图 3-1　课程第一单元结构

第三章 "'小竹宝'成长记"

第二单元 "竹笛"婉转吹 "竹竿"拍拍跳

任务一：笛声悠扬 竹竿热闹 我知道

- 赏：
  - 音：欣赏竹笛经典曲目演奏视频
  - 体：观赏我国少数民族"跳竹竿"的表演视频
- 学：
  - 音：思考并讨论竹笛在这些乐曲中的音色与表现
  - 体：了解我国少数民族"跳竹竿"的相关文化
- 玩：民族吹管音乐知识"你问我答"小游戏

评价：学生自评、教师评价

任务二："竹笛"婉转吹 "竹竿"灵巧跳

- 学：
  - 音：
    1. 连贯并准确的进行快速指法切换
    2. 进一步学习呼吸控制，确保吹奏时音色稳定
    3. 完成吹奏教材中两个八度的单声部歌曲
  - 体：
    1. 掌握跳竹竿的基本技巧
    2. 能按四分音符、八分音符的竹笛吹奏节奏跳竹竿，并能进行移动
- 玩：
  - 音：
    1. 指法切换小游戏
    2. 气息游戏"开火车"
    3. 旋律接龙小游戏
  - 体：
    1. 小兔子蹦蹦跳
    2. 我吹节奏你来跳
- 练：
  - 音：两个八度内单声部教材歌曲吹奏练习
  - 体：由慢到快跳竹竿动作练习

评价：学生自评、小组互评、教师评价

任务三："小竹林"又吹又跳 配合棒

- 学：
  - 音：以"小竹林"为团队，同演一首歌，我唱你来吹，你吹我伴奏
  - 体：以"小竹林"为团队，两人摆竹竿、其他人跳竹竿，共同学习配合完成"跳竹竿"
- 玩：为我们的"小竹林"团队起名字
- 展：
  - 音：以"小竹林"为团队唱、奏、演一首两个八度内单声部教材歌曲
  - 体：以"小竹林"为团队进行"竹竿拍拍跳"接龙比赛

评价：学生自评、小组互评、教师评价

记录："小竹宝"成长卡、"小竹林"成长记录

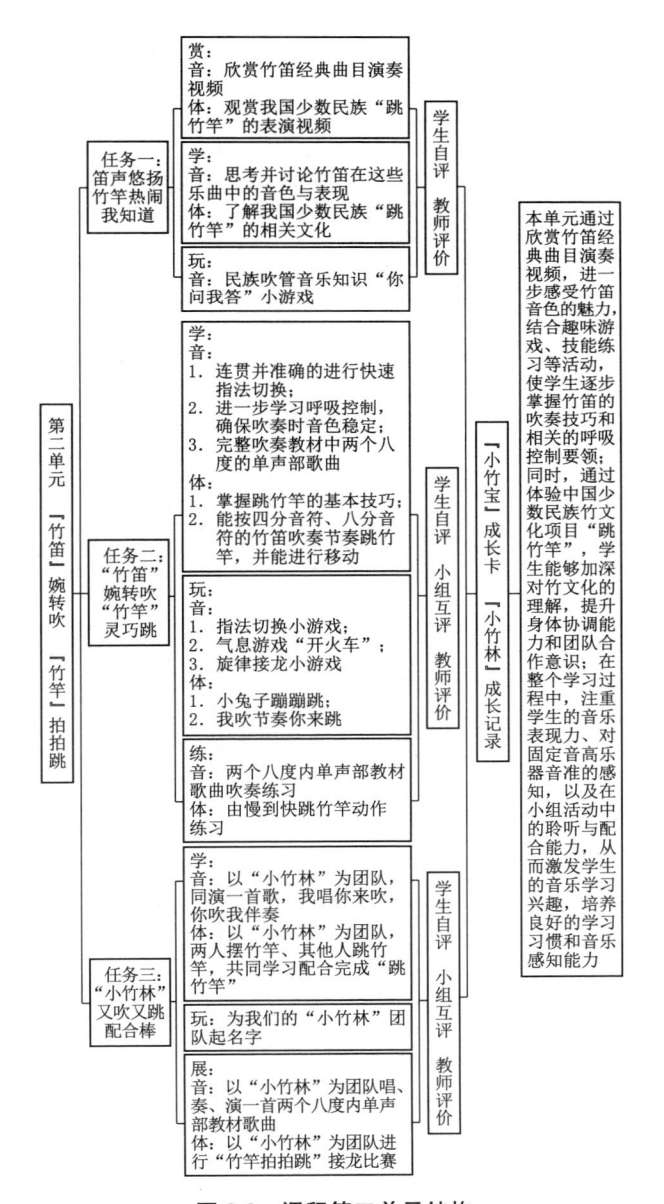

本单元通过欣赏竹笛经典曲目演奏视频，进一步感受竹笛音色的魅力，结合趣味游戏、技能练习等活动，使学生逐步掌握竹笛的吹奏技巧和相关的呼吸控制要领；同时，通过体验中国少数民族竹文化项目"跳竹竿"，学生能够加深对竹文化的理解，提升身体协调能力和团队合作意识；在整个学习过程中，注重学生的音乐表现力、对固定音高乐器音准的感知，以及在小组活动中的聆听与配合能力，从而激发学生的音乐学习兴趣，培养良好的学习习惯和音乐感知能力。

图 3-2 课程第二单元结构

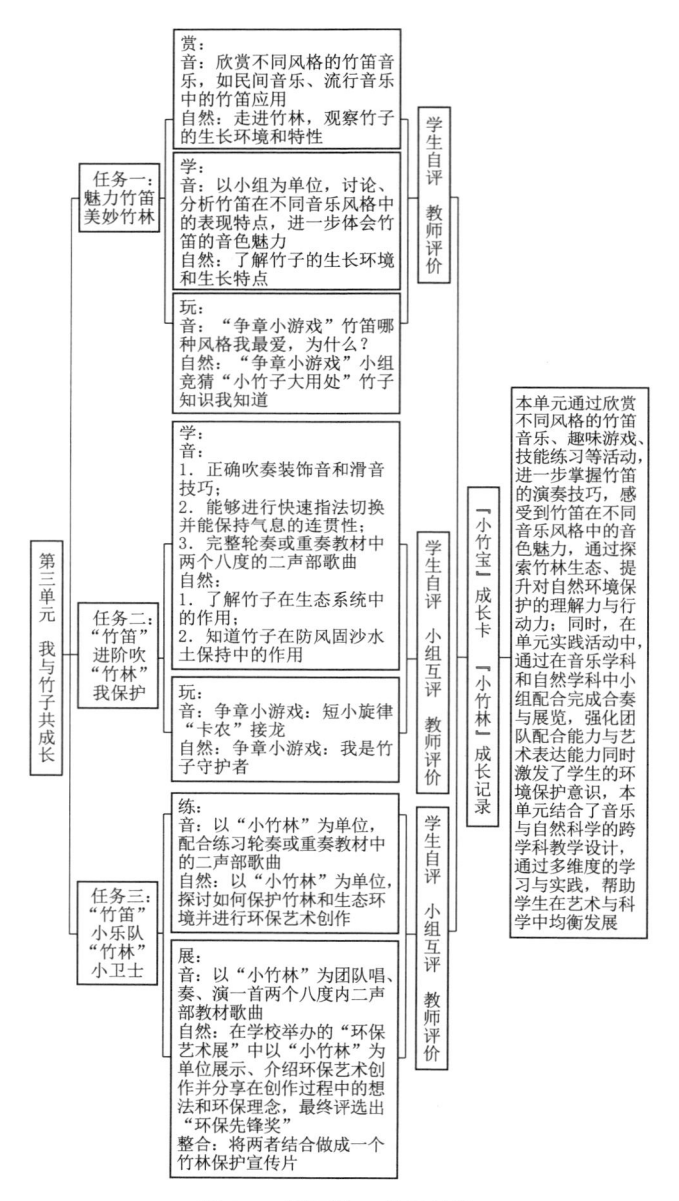

图 3-3 课程第三单元结构

第三单元 我与竹子共成长

任务一：魅力竹笛 美妙竹林

赏：
- 音：欣赏不同风格的竹笛音乐，如民间音乐、流行音乐中的竹笛应用
- 自然：走进竹林，观察竹子的生长环境和特性

学：
- 音：以小组为单位，讨论分析竹笛在不同音乐风格中的表现特点，进一步体会竹笛的音色魅力
- 自然：了解竹子的生长环境和生长特点

玩：
- 音："争章小游戏"竹笛哪种风格我最爱，为什么？
- 自然："争章小游戏"小组竞猜"小竹子大用处"竹子知识我知道

评价：学生自评、教师评价

任务二："竹笛"进阶吹 "竹林"我保护

学：
- 音：
  1. 正确吹奏装饰音和滑音技巧
  2. 能够进行快速指法切换并能保持气息的连贯性
  3. 完整轮奏或重奏教材中两个八度的二声部歌曲
- 自然：
  1. 了解竹子在生态系统中的作用
  2. 知道竹子在防风固沙水土保持中的作用

玩：
- 音：争章小游戏：短小旋律"卡农"接龙
- 自然：争章小游戏：我是竹子守护者

评价：学生自评、小组互评、教师评价

任务三："竹笛"小乐队 "竹林"小卫士

练：
- 音：以"小竹林"为单位，配合练习轮奏或重奏教材中的二声部歌曲
- 自然：以"小竹林"为单位，探讨如何保护竹林和生态环境并进行环保艺术创作

展：
- 音：以"小竹林"为团队唱、奏、演一首两个八度内二声部教材歌曲
- 自然：在学校举办的"环保艺术展"中以"小竹林"为单位展示、介绍环保艺术创作并分享在创作过程中的想法和环保理念，最终评选出"环保先锋奖"
- 整合：将两者结合做成一个竹林保护宣传片

评价：学生自评、小组互评、教师评价

"小竹宝"成长卡、"小竹林"成长记录

本单元通过欣赏不同风格的竹笛音乐、趣味游戏、技能练习等活动，进一步掌握竹笛的演奏技巧，感受到竹笛在不同音乐风格中的音色魅力，通过探索竹林生态、提升对自然环境保护的理解力与行动力；同时，在单元实践活动中，通过在音乐学科和自然学科中小组配合完成合奏与展览，强化团队配合能力与艺术表达能力同时激发了学生的环境保护意识，本单元结合了音乐与自然科学的跨学科教学设计，通过多维度的学习与实践，帮助学生在艺术与科学中均衡发展

图 3-3 课程第三单元结构

第三章 "'小竹宝'成长记"

第四单元 竹韵未来

任务一：我们竹林再相遇

赏：
音：观看竹笛演奏大师的演奏视频，进一步观察、欣赏不同的竹笛演奏技巧
美术：再次走进竹林，进一步观察竹子的形态、准确把握竹节、竹竿、竹叶的特征

学：
音：以小组为单位，讨论、分析不同的竹笛演奏技巧所带来的不同艺术表现，进一步体会演奏竹笛的魅力
美术：回顾竹子在中国传统文化中的象征意义，知道竹子在中国传统艺术（如国画、书法等）中的应用

玩：
音："争章小游戏"听一听、看一看，这是哪个竹笛演奏技法？

（学生自评 小组互评）

任务二：小小演奏家请你露一手

学：
音：
1. 正确吹奏震音、颤音、双吐等演奏技巧；
2. 可以完成指法的快速切换和气息的连贯性练习；
3. 能够独奏、重奏较复杂的竹笛乐曲，培养一技之长
美术：
1. 在纸上绘制竹笛的创意设计图，包括图案、颜色和装饰元素；
2. 结合竹笛的结构特点以小组为单位，进行创意设计讨论

玩："争章小游戏"小竹笛来炫技！
美术："争章小游戏"评一评、赞一赞，哪组创意你最爱？

练：
音：以小组为单位配合练习演奏一首竹笛重奏曲
美术：以小组为单位将设计方案实践完成

（学生自评 小组互评 教师评价）

任务三：竹韵艺术节

展：以"小竹林"为团队在"竹笛演奏会"上，出演一至两首竹笛独奏或重奏曲目
美术：在竹韵艺术节中的"我的竹笛我设计"展区，以小组为单位布置展位，展示本组的创意装饰竹笛作品并讲解设计理念

评：为表现较为优异的"小竹宝"与"小竹林"进行表彰、为演奏突出个人及团队颁发"竹韵艺术奖"，并代表学校参加区艺术单项比赛；对设计较为突出的团队颁发"最佳竹笛设计奖"，同时将作品在校园竹里馆展出

（学生自评 小组互评 教师评价）

「小竹宝」成长卡
「小竹林」成长记录

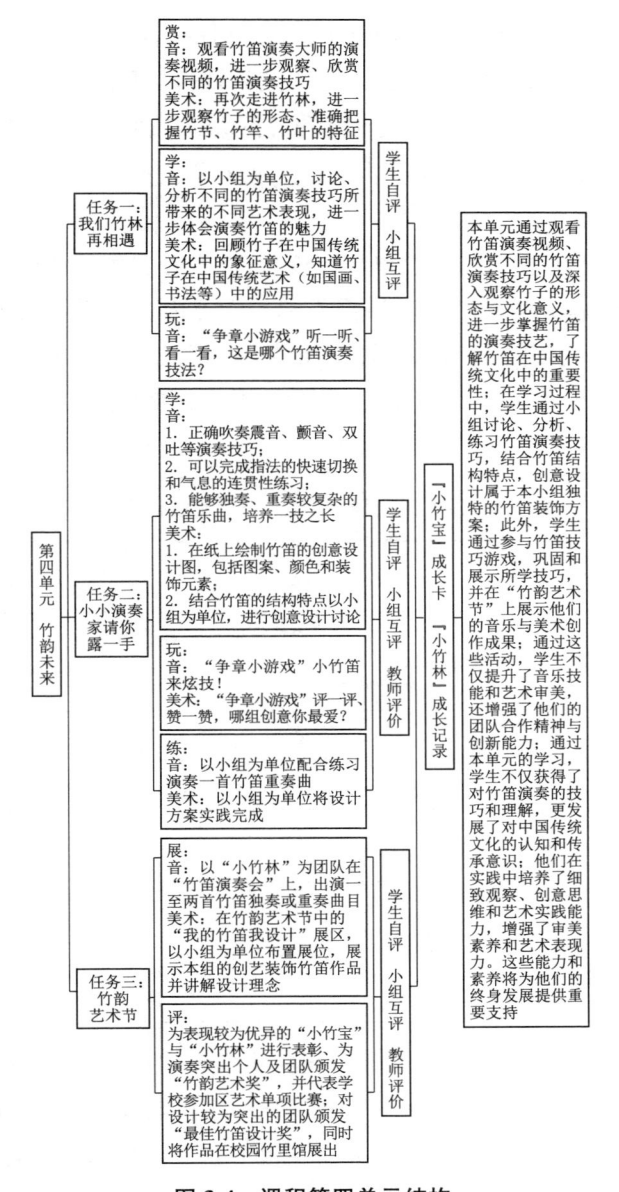

本单元通过观看竹笛演奏视频、欣赏不同的竹笛演奏技巧以及深入观察竹子的形态与文化意义，进一步掌握竹笛的演奏技艺，了解竹笛在中国传统文化中的重要性；在学习过程中，学生通过小组讨论、分析、练习竹笛演奏技巧，结合竹笛结构特点，创意设计属于本小组独特的竹笛装饰方案；此外，学生通过参与竹笛技巧游戏，巩固和展示所学技巧，并在"竹韵艺术节"上展示他们的音乐与美术创作成果；通过这些活动，学生不仅提升了音乐技能和艺术审美，还增强了他们的团队合作精神与创新能力；通过本单元的学习，学生不仅获得对竹笛演奏的技巧和理解，更发展了对中国传统文化的认知和传承意识；他们在实践中培养了细致观察、创意思维和艺术实践能力，增强了审美素养和艺术表现力。这些能力和素养将为他们的终身发展提供重要支持

图 3-4 课程第四单元结构

价通过学生的演奏、创意装饰竹笛作品、环保报告和体育表现等,综合评估其在各学科中的学习成果;最后,自我评价与互评环节鼓励学生以小组为单位进行反思,增强责任感和自我认知。通过"小竹宝"的引导,学生们更加积极地参与各项学科活动,提升了艺术学习的自信。

2. 评价形式

(1)"小竹宝"成长卡(单元评价)。学生参与每节课的竹笛课程学习,在每单元学习结束时根据不同的学习内容与学习要求,以"小竹宝"自评、小组互评和教师评价相结合的形式获得相应的"小竹宝"章,集章获得相应的荣誉称号。评价工具表样例(第一单元成长集章卡)见表 3-6。

表 3-6　评价工具表样例(第一单元成长集章卡)

学习任务	学习成果	自评集章	互评集章	师评集章
"我"与竹笛初相遇	1. 能和小伙伴分享讲述竹笛的构造和竹笛的成长故事; 2. 能正确拿放竹笛			
"我"对竹笛初探索	1. 能掌握正确的持笛姿势; 2. 能运用正确的呼吸方法吹响竹笛; 3. 能与小伙伴一起积极参与气息小游戏			
"我"和竹笛配合棒	1. 能正确摆放手指指位; 2. 能慢速、准确地吹奏 C 大调音阶			

集章方式:每达成一项获得一个"小竹宝"章

(2)"小竹林"的成长记录(研讨交流)。这是对小组成长的记录,"'小竹宝'成长记"作为一个数字化跨学科课程,有较大比重的教学任务是以小组为单位完成,此次课程中的小组统称为"小竹林",通过以"小竹林"为单位完成竹笛重奏、自然探究等任务,参与"竹韵艺术节"等综合项目。这种团队记录与评价除了促进学生的互动与成长,还能培养他们的合作能力、责任意识、领导力与组织能力、反思与社会交往能力、创造力与创新能力,这些能力和素养不仅在学术学习中受益,也对学生的整体人格发展和未来的社会生活具有重要意义。小组成长档案表样例见表 3-7。

表 3-7 小组成长档案表样例

	二年级	三年级	四年级	五年级
你最喜欢和小竹林一起参加的哪个游戏?				
你们的小竹林一起攻克了哪些难关?				
你们的小竹林一起完成了哪些项目?				
我在小竹林中有了哪些成长?				

（3）"竹韵艺术节"展示活动。竹韵艺术节是一场结合音乐、美术与自然科学的综合展示活动,旨在通过学生的多维度学习成果展现竹笛演奏与竹文化的魅力。在这个艺术节中,学生不仅展示他们在竹笛演奏中的技巧与艺术表现,还通过艺术创作和项目展示竹林生态的重要性与保护策略,凸显跨学科育人的效果。活动包括竹笛演奏会、"我的竹笛我设计"展区、竹林生态展示区、竹笛游戏互动区等几大板块进行。最后对表现较为优异的"小竹宝"与"小竹林"进行表彰,颁发"竹韵艺术奖""环保先锋奖""最佳竹笛设计奖"。

二、课程样张

(一) 样张版面设计

"'小竹宝'成长记"课程样张的版面设计以田林四小吉祥物,竹韵小精灵"小竹宝"作为主角,引导学生探索竹笛演奏的奥秘。通过充满童趣的语言和故事情节,激发学生的学习兴趣。课程单元中的

"赏""学""玩""练""展"各个板块分别对应设计为"竹韵欣赏馆""竹笛知识库""竹林探险""竹艺练功房"及"快乐展演场",每个部分都融合了适合小学阶段学生认知特点的音乐游戏与活动练习,使学生在充满乐趣的学习过程中,愉快地掌握竹笛演奏技巧。"竹笛知识库"课程样张如图 3-5 所示。

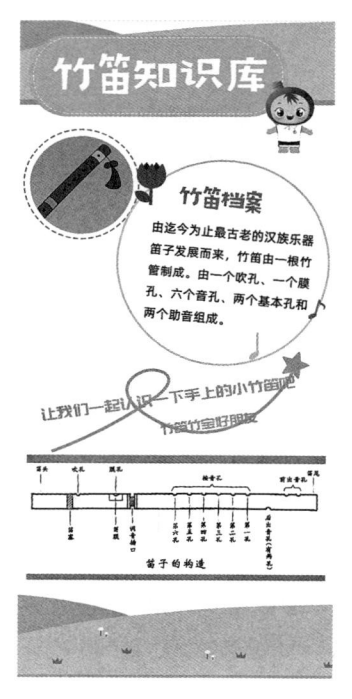

图 3-5 "竹笛知识库"课程样张

(二) 样张呈现形式

"'小竹宝'成长记"课程样张采用电子版与纸质版相结合的方式呈现,紧跟信息化赋能教学的时代潮流。在课程中加入"竹笛数字化应用程序"(见图 3-6)辅助教学,同时在样张中加入二维码扫一扫功能(见图 3-7),将每节课的演奏重难点录制储存上传至数字库,让学生在课后能够反复欣赏竹笛演奏、参与互动学习并进行巩固练习,提供丰富的交互式学习体验。同时,课程还建立了一个数字化资源库,为学生探索竹笛艺术提供了更多的学习材料,进一步提升他们的自主学习能力与探索精神。

图 3-6　竹笛数字化应用程序　　图 3-7　二维码扫一扫功能

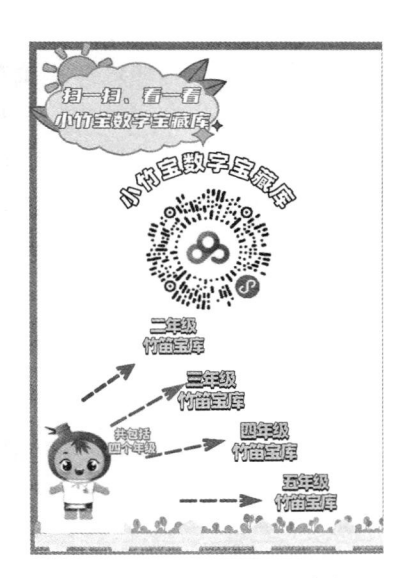

(三) 教学资源呈现

基于竹笛教材的资源开发,"'小竹宝'成长记"课程样张中精选了适合学生演奏的竹笛曲目。这些曲目大多是学生喜爱的经典乐曲,篇幅短小、难度适中,便于学习和演奏。同时,教师根据学生的竹笛吹奏能力和所需技巧,专门编写了适合他们的二声部合奏和伴奏练习。这些编曲不仅契合学生的审美认知与审美需求,还能进一步提升他们的吹奏技巧和音乐表现力,使学生在竹笛演奏过程中逐步培养出更加敏锐的音乐审美能力与艺术表现力。

（四）评价资源呈现

在"'小竹宝'成长记"跨学科课程中，学生的能力素养、习惯养成与艺术修养展现出多元且综合的特点。为了帮助学生实现"自我认识"与"自我提升"，本课程将评价机制贯穿于整个教学过程，结合过程性评价与单元总结性评价，通过详细设定的评价维度，从能力发展、习惯养成和学习成果等多方面进行全面评估。此外，课程还引入了"小竹林"成长记录，通过对小组合作与个体进步的持续记录和反馈，进一步促进学生在团队中的互动与成长。这种多维度的评价方式，不仅支持学生在计划性学习中的持续进步，还在跨学科的融合中促进他们的全面素养提升。任务评价表样例如图 3-8 所示。

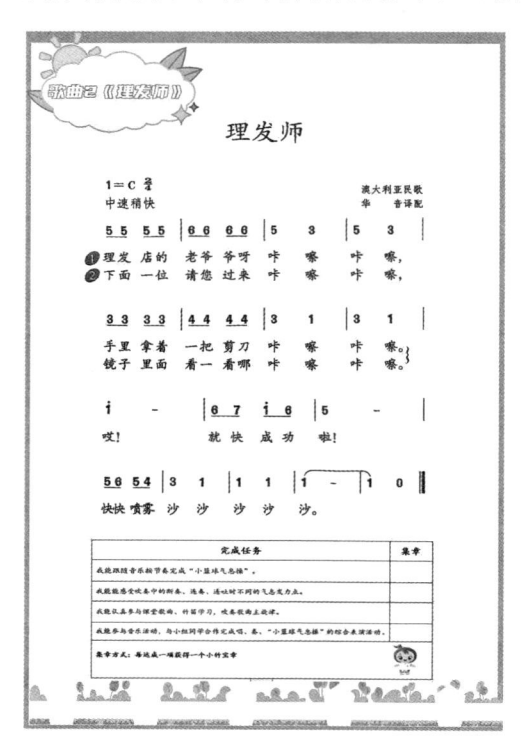

图 3-8　任务评价表样例

第二节　单元实施方案

通过前期精心规划课程逻辑和反复推敲编写,"'小竹宝'成长记"的课程样张已基本成形。在正式投入教学之前,教师还需制定各单元的详细实施计划。

"'小竹宝'成长记"跨学科课程设置了4个核心单元,作为课程整体结构的具体分解。为了确保每一课时的教学紧密衔接,课程设计者将"竹文化艺术感知""竹笛艺术表达""竹笛演奏技艺培养"贯穿于每个单元,将竹笛演奏与相关学科内容相结合,作为培养学生综合素养的教学主线。这些理念在单元实施计划中得以落实,具体体现为各单元教学内容的逻辑、层次与融合性。以下仅展示本课程第二单元"'竹笛'婉转吹'竹竿'拍拍跳"的具体实施方案,这一单元注重竹笛演奏与文化活动的融合,全面提升学生的音乐表现力和文化素养。

一、单元教学内容

（1）赏析竹笛文化与跳竹竿民族文化。
（2）练习跳竹竿、竹笛吹奏基本功与教材单声部歌曲吹奏。
（3）学习以"小竹林"为单位的团队配合演奏与跳竹竿活动。

二、单元学情分析

通过第一单元的教学,学生已经初步掌握了竹笛作为固定音高吹奏乐器的基本构造、持笛姿势与吹奏方法,并进行了单音与基础音阶的练习。在第二单元的学习中,学生将兼顾竹笛吹奏技巧的提升与音乐表现能力的强化,同时结合体育学科的"跳竹竿"等活动,通过节奏训练和拍球运动来强化对节奏的感知与把握。将体育学科中的运动能力与音乐学科中的技巧要求巧妙结合;此外,在竹笛演奏上,学生将用竹笛表现教材中的八度以内的单声部歌曲演奏,进一步提升音乐表达的丰富性和表现力。

三、单元教学目标

(1)聆听、欣赏与讨论竹笛经典曲目及少数民族"跳竹竿"的历史及表演,了解竹笛在中国传统音乐中的作用,拓展对中国民族文化的认识,提升文化理解与感知能力。

(2)提升竹笛吹奏技巧,能够连贯并准确地进行指法切换,熟练掌握连吐技能,保持音色稳定,逐步掌握演奏两个八度内的单声部歌曲的能力,进一步增强音乐表现力。

(3)学习跳竹竿的基本技巧,巩固篮球的技巧要点,将竹笛的吹奏节奏与跳竹竿动作相结合、将拍篮球的动作与竹笛演奏中气息的运用相结合,进行音乐节奏编创与跳竹竿接力比赛,提升学生的艺术表现能力和创意实践能力。

(4)通过小组合作演奏与集体活动展示,培养团队合作精神,在合作中锻炼音乐编创、表演与协调能力,增强学生的团队合作与综合艺术表现能力。

四、单元实施安排

单元实施安排见表 3-8。

表 3-8 单元实施安排

学习任务	学习内容			建议课时
	竹韵欣赏馆（赏）	竹笛知识库（学）	竹林探险（玩）	
探索任务一	音: 欣赏竹笛经典曲目演奏视频 体: 观赏我国少数民族"跳竹竿"的表演视频	音: 思考并讨论竹笛在这些乐曲中的音色与表现 体: 了解我国少数民族"跳竹竿"的相关文化	争章小游戏: 民族吹管音乐知识,少数民族跳竹竿文化知识 你问我抢答	2课时

第三章 "'小竹宝'成长记" 87

续表

学习任务	学习内容			建议课时
	竹笛知识库（学）	竹林探险（玩）	竹艺练功房（练）	
探索任务二	音： 1. 连贯并准确地进行快速指法切换 2. 进一步学习呼吸控制，确保吹奏时音色稳定 3. 完整吹奏教材中两个八度的单声部歌曲 体： 1. 掌握跳竹竿的基本技巧 2. 能按四分音符、八分音符的竹笛吹奏节奏跳竹竿，并能进行移动	音： 1. 指法切换小游戏 2. 气息游戏"开火车""拍拍球" 3. 旋律接龙小游戏模仿音型，进行旋律接龙并吹奏 体： 1. 小兔子蹦蹦跳 2. 我吹节奏你来跳 3. 篮球一起拍拍运	音： 两个八度内单声部教材歌曲吹奏练习 1.《乃哟乃》 2.《快乐的歌》 3.《理发师》 4.《钟声》 体： 由慢速到快速练习跳竹竿动作 巩固篮球拍球、运球等动作技能	8课时
	竹笛知识库（学）	竹林探险（玩）	快乐展演场（展）	
探索任务三	音： 以"小竹林"为团队，同演一首歌，我唱你来吹，你吹我伴奏 体： 以"小竹林"为团队，两人摆竹竿，其他人跳竹竿，共同学习配合完成"跳竹竿"	玩： 为我们的"小竹林"团队起一个有意义且响亮的名字	音： 以"小竹林"为团队唱、奏、演一首两个八度内单声部教材歌曲 体： 以"小竹林"为团队进行"竹竿拍拍跳"接龙比赛 综合： 选择一首本学期学过的歌曲为跳竹竿的同学配乐	2课时

五、单元评价

本单元从三个层次来设计评价维度，单元评价维度说明如图3-9所示。

第一层次：学习参与度

评价学生在课堂上参与竹笛与竹文化学习的主动性，聆听教师示范的认真程度，以及模仿与练习竹笛吹奏与跳竹竿的积极性。

第二层次：技术掌握与艺术表现

评价学生对竹笛吹奏技巧的掌握程度，包括指法切换、音色控制，以及在音乐游戏和"跳竹竿"节奏练习中的表现，同时关注学生的艺术创造能力和与同伴合作的意愿表现。

第三层次：综合表现与团队合作

评价学生在连贯吹奏竹笛技巧的能力、将音乐编创与表演相结合的创新性，以及在小组合作演奏中的协调能力和团队合作精神。

图 3-9 单元评价维度说明

单元评价维度评价指标见表 3-9。

表 3-9 单元评价维度评价指标

评价维度	评价指标
我能参与竹文化课堂学习	1. 在课堂上愿意参与竹笛的学习，并通过聆听与欣赏竹笛经典曲目，进一步了解竹笛在中国传统音乐中的作用； 2. 能参与与竹文化、竹笛吹奏要点相关的体育课堂活动，积极参与"跳竹竿""拍篮球"等节奏、气息练习，了解少数民族"跳竹竿"的历史及表演形式
我爱吹奏竹笛	1. 能认真聆听教师示范，并主动参与模仿竹笛吹奏与练习，初步掌握基本吹奏技巧； 2. 能认真学习竹笛的吹奏技巧，主动练习指法切换与音色控制，并能够连贯、准确地演奏四首歌曲的旋律； 3. 能学会竹笛的连音、吐音、连吐等吹奏技巧，逐步掌握跨八度内的指法切换与音色控制
我爱"小竹林"	1. 愿意与同伴共同学习竹笛吹奏与跳竹竿技巧，进行音乐节奏编创与跳竹竿接力比赛； 2. 能将竹笛吹奏的节奏与拍篮球、跳竹竿等动作相结合，创作并演绎结合两者的音乐作品； 3. 能参加小组合作演奏与集体展示，在小组互动中付出自己的一份力量

第三节 典型实践案例

教学设计是课程理念的具体呈现与计划实施的重要环节,它是衡量课程目标实现的关键因素。作为校本课程"'小竹宝'成长记"的一部分,通过实践与不断优化,进一步完善了课程内容。在课程实施过程中,教师更加注重如何在教学中展示核心理念,提升学生对课程内容的掌握,并充分利用数字化教学资源,推动音乐素养的深入发展。

《义务教育体育健康课程标准(2022版)》指出,小学阶段应培养学生掌握一至两项运动技能。[2] 在第二单元"'竹笛'婉转吹'竹竿'拍拍跳"的教学设计中,以教材歌曲《理发师》为课例,以竹笛演奏中连吐技巧的气息难点入手,结合体育学科的拍篮球,设计跨学科热身活动,解决本课竹笛演奏中连吐的吹奏难点,通过拍球练习引导学生的身体发力和节奏感,同时结合音乐学科中的气息控制和节奏要求,不仅让学生在运动中提升身体的协调性和节奏感,也让他们更好地掌握竹笛演奏时的气息控制。同时学生在排球运动中学到的发力和节奏感,能够直接应用于音乐演奏中的气息控制和连吐技巧,将体育学科中的运动能力与音乐学科中的技巧要求巧妙结合。通过这一热身活动,学生不仅能提高身体的运动技能,还能在音乐学科中强化气息控制技巧,从而实现了双学科的教学目标融合。在本课竹笛吹奏教学过程中,运用竹笛数字化应用程序辅助教学,让教师的示范更加直观、易懂。并在课程最后将本节课的演奏视频录制并上传至课程数字库,以便学生课后练习。

一、教学设计

【课题】

《理发师》竹笛吹奏。

【课时】

"'小竹宝'成长记"第二单元探索任务2第三课时。

【教学内容】

（1）竹笛吹奏技巧的气息控制与拍球练习相融合的热身活动。

（2）歌曲《理发师》吹奏学习。

（3）歌曲吹奏与"小篮球气息操"结合表演。

【课时目标】

（1）通过参与竹笛吹奏气息控制技巧与"小篮球拍拍操"融合的"小篮球气息操"，进一步感受竹笛吹奏技巧中的气息运用，提升学生的音乐感知力与吹奏能力。

（2）结合"竹笛数字化软件"学习吹奏歌曲《理发师》主旋律，熟练掌握竹笛吹奏技巧，初步做到有感情地吹奏《理发师》，进一步提升学生的音乐素养。

（3）在小组展示中，通过演唱、吹奏和小篮球气息操相互配合的综合表演中完成合作展示，提升学生的合作学习能力，培养其懂合作、能探究、懂倾听、会表达的必备品格。

【课时重点与难点】

1. 重点

（1）通过音乐与体育相结合的"小篮球气息操"感受竹笛演奏中断奏、连奏、同音反复连吐等技巧的气息运用。

(2) 通过竹笛演奏表现歌曲的情感与旋律特点。

2. 难点

(1) 演奏同音反复时以平稳、平均的气息完成较快速的连吐技巧。

(2) 有表现力地完成歌曲前后两个部分不同的旋律形象。

【评价环节与要求】

1. 评价环节

评价环节内容、形式及要点见表 3-10。

表 3-10 评价环节内容、形式及要点

评价环节与内容	评价要点	评价形式	目标指向
评价环节一 竹笛吹奏 气息练习	能跟随音乐按节奏完成"小篮球气息操";能感受吹奏中的断奏、连奏、连吐时不同的气息发力点	自评 师评	目标 1
评价环节二 歌曲吹奏	能认真参与课堂歌曲、竹笛学习,吹奏歌曲主旋律	自评 师评	目标 2、3
评价环节三 歌曲表演	能参与音乐活动,与小组同学合作完成吹奏与"小篮球气息操"的综合表演活动	自评 师评 互评	目标 2、3

2. 评价要求

(1) 教师评价。教师根据学生竹笛演奏的气息发力情况、音准、节奏、力度变化和情感表达进行评价,重点关注学生的技巧掌握与音乐表现。

(2) 生生互评。学生互评在小组合作中的表现,评估他们在小篮球气息操、演奏和综合展演中的合作与表现能力。

(3) 自我反思。学生通过反思自己的气息发力的感觉与演奏表现,思考如何进一步提升音乐表现力与技巧的掌握。

【教学流程】

(一) 小篮球气息操

跟随《理发师》的音乐节奏进行坐地运球、压球练习,用手感受球的反弹力。

(1) 以四分音符为一拍的节奏跟随音乐进行"小篮球气息操"练习。关键设问:在拍、压小篮球时有没有感受到小篮球的肚子圆溜溜、气鼓鼓?

(2) 按照歌曲旋律的节奏跟随音乐进行"小篮球气息操",只拍球、传球,同时感受吐气时肚子像皮球一样发力。

(3) 跟随音乐旋律节奏进行"小篮球气息操",同时,按照节奏加入连吐气息练习,巩固感受竹笛吹奏时连吐的气息发力感。关键设问:在竹笛吹奏连吐与长音时,你的肚子和嘴巴有什么变化?

(4) 小结。吹奏连吐时,肚子像被拍击时的小篮球,轻巧有弹性。吹奏连音时,肚子像被压的小篮球,平稳并且始终有支撑。嘴巴一直贴紧吹孔,扁平的口型像吹蜡烛。

教学意图说明

1. 学习要点

(1) 节奏感受与动作结合。通过四分音符、八分音符拍球、压球的练习,感知节奏的规律,并与气息练习结合。

(2) 肚子发力的感知。拍球和传球时,感受手掌与篮球的弹性互动,类比吹奏竹笛时肚子发力的感觉。

(3) 连吐与长音的气息掌控。通过节奏中的连吐练习,学生能体验吹奏时肚子快速发力的弹性(如拍小篮球),与长音时的持续、平稳支撑(如压球)之间的区别。

(4) 嘴型的保持。巩固学生在吹奏时保持嘴唇贴紧吹孔、形成扁平口型的技巧,确保音色稳定。

2. 指导与反馈要点

(1) 动作与音乐同步指导。指导学生严格按照音乐节奏拍球、压球,保持四分音符的节奏感,纠正不合拍的动作。确保每个动作都与音乐的强拍协调,帮助学生建立身体对节奏的敏感性。

(2) 气息感知反馈。在拍球时,鼓励学生描述肚子发力的感觉,并与吹奏竹笛的气息发力做类比。通过提问引导学生思考:"在拍小篮球时,肚子是否像竹笛吹奏时那样充满弹性?"对连吐和长音的练习,观察学生肚子的控制力,提供反馈,指出是否能够均匀、持续地发力。

(3) 口型与气息反馈。观察学生的嘴巴是否保持贴紧吹孔、口型是否保持扁平。若发现学生的嘴型松动或变形,应及时提醒他们调整。通过实际吹奏的音色反馈,评价学生的嘴型与气息控制是否到位,并帮助他们改进细节。

(4) 正面激励与个性化反馈。对能够很好把握节奏并完成动作的学生给予正面表扬,强调他们对竹笛气息与篮球反弹力的良好感知。对遇到困难的学生,提供具体指导,例如通过慢节奏的练习帮助他们逐步掌握气息与动作的协调。

(二) 歌曲吹奏学习

1. 学习歌曲前半段的吹奏

(1) 教师与"竹笛数字化程序"结合示范竹笛演奏《理发师》的前半段,特别强调指法与指位。关键设问:思考歌曲的前半段节奏有什么规律? 在演奏这些节奏时运用了哪些竹笛演奏技法?

(2) 学生结合"竹笛数字化程序"展示,模仿练习歌曲第一乐段演奏，加入合适的演奏指法与找到合适的指位。关键设问：在吹奏连吐时，我们的肚子像被拍击时的小篮球，还是像被压的小篮球？

（3）学生感受用短促的吐音吹奏歌曲前半乐段。关键设问：你感受到连吐时肚子的发力了吗？连吐是嘴型要发生变化吗？

（4）加入跳音记号吹奏歌曲前半段，感受前半段歌曲欢快活泼的情绪。关键设问：在什么地方加入呼吸记号更合适？断奏、连吐时感觉到肚子像被拍击时的小皮球吗？

（5）有感情地吹奏歌曲前半段。

2. 学习歌曲后半段吹奏

（1）教师与"竹笛数字化程序"结合示范竹笛演奏《理发师》的前半段。关键设问：思考歌曲后半段的演奏情绪发生了什么变化？演奏时气息的发力感觉和前半段相同吗？

（2）练习歌曲后半段前两句的长音吹奏。关键设问：吹奏长音时肚子要像哪种小篮球？

（3）完整连贯吹奏歌曲后半段。关键设问：在什么地方加入呼吸记号更合适？长音连奏时感觉到肚子像被压的小皮球吗？

（4）有感情地吹奏歌曲后半段。

3. 完整吹奏歌曲《理发师》并录制演奏视频

（1）注意强调前后两部分不同的气息发力点，教师做"小篮球气息操"配合辅助提示气息发力的变化。

（2）课后教师上传演奏视频至数字库。

教学意图说明

1. 学习要点

（1）通过"竹笛数字化程序"学习正确的指法和指位，确保每个音符的指位准确。

（2）通过"小篮球气息操"辅助，在作品演奏中学生要学会控制气息的发力，区分前半段和后半段在气息运用上的不同，前半段更多使用短促的吐音和跳音，后半段注重长音和连贯性。

（3）感受歌曲前后段情绪的不同，并将这种情绪体现在演奏中。前半段欢快活泼，后半段则更注重情感表达的细腻与延展，并学会通过演奏技巧来传达音乐中的情感变化，特别是在处理跳音与长音时表现出不同的演奏风格。

2. 指导与反馈要点

（1）节奏与演奏技法的指导。指导学生在前半段演奏中识别节奏规律，确保掌握连吐、跳音等技法的正确运用。强调竹笛指法和指位的准确性，结合"竹笛数字化程序"进行演奏示范，确保学生对指法的清晰理解。

（2）气息控制与发力反馈。针对连吐和长音的练习，结合"小篮球气息操"帮助学生感受气息发力的不同点，及时反馈学生肚子的发力状态是否符合连吐或长音的要求。强调在吹奏短促吐音和跳音时，肚子的发力是否像拍小篮球般有弹性；在长音吹奏时，肚子是否像被压的小篮球般平稳。

（3）情感表达与音乐表现。反馈学生在不同乐段中的情绪表达是否到位，引导他们感受歌曲前后段的情感变化，并在吹奏中体现出来。通过设问帮助学生思考如何在不同位置加入呼吸记号，并确保吹奏的流畅性与连贯性。

（4）呼吸与节奏协调。提醒学生在复杂节奏中保持呼吸的自然流动，避免因过度紧张而影响节奏的准确性。修正学生在长音或断奏时气息不稳的情况，通过"小篮球气息操"的记忆提醒他们保持气息的连贯与弹性。

(三) 小组合作表演歌曲《理发师》

1. 竹笛吹奏与"小篮球气息操"结合

（1）学生分组讨论编创，设计适合《理发师》演奏的"小篮球气息操"的节奏。并练习实践。

（2）学生分组进行竹笛吹奏与"小篮球气息操"的合作尝试，教师分别指导。

2. 小组展示

每组分任务交替展示竹笛吹奏与"小篮球气息操"的结合表演。关键设问：有没有进一步感受到气息发力的感觉？如果没有小皮球的辅助，你可以做的一样好吗？

> **教学意图说明**
>
> 在"小组合作表演歌曲《理发师》"环节中，学生通过编创并结合竹笛吹奏与"小篮球气息操"的节奏进行分组合作展示，教师对各组进行个别指导。这一环节的重点是培养学生的创意能力、合作精神，并强化他们对节奏和气息发力的理解与应用。

(四) 课堂总结与评价

（1）教师总结本课的学习内容，重点回顾竹笛吹奏技巧的气息掌握与情感的表达。

（2）教师根据各组表现进行点评，表扬优秀表现，并指出改进之处。学生进行互评与自评，反思自己的学习成果。图 3-10 所示为学生自评集章卡样例。

学习任务	集章
我能跟随音乐按节奏完成"小篮球气息操"。	
我能感受吹奏中的断奏、连奏、连吐时不同的气息发力点。	
我能认真参与课堂歌曲、竹笛学习,吹奏歌曲主旋律。	
我能参与音乐活动,与小组同学合作完成吹奏与"小篮球气息操"的综合表演活动。	
集章方式:每达成一项获得一个"小竹宝"章	

图 3-10　学生自评集章卡样例

二、教学案例及反思

(一) 主要教学环节与策略

1. 竹笛演奏技巧专精打磨

在竹笛演奏技巧上,本节课通过分段练习、节奏模仿、连吐与长音的反复训练,帮助学生巩固和提升竹笛的吹奏技巧;通过"竹笛数字化程序"的示范与反馈,使学生能够清晰地看到指法;通过"小篮球气息操",令学生直观感受气息的变化,并加以模仿与实践。每个环节中的设问与教师的个别指导也帮助学生及时发现和调整吹奏中的细节问题,从而逐步打磨专精演奏技法。

2. 体育学科巧妙融合

通过"小篮球气息操"将竹笛吹奏的气息控制与体育动作相结合。篮球的拍球、压球动作能让学生通过身体体验直接感受到吹奏时气息的发力。用拍球的弹性和压球的持续压力分别类比竹笛演奏中的连吐与长音发力,不仅可使学生更好地理解气息变化,也增强了学生对吹奏动作的感知力,加强身体体验与气息控制的联系。

3. 竹笛数字化程序的加入与数字库的建立丰富了辅助教学

竹笛数字化程序通过可视化的演奏示范为学生提供了清晰、直观的学习模板。无论是指法还是演奏的节奏变化，学生均可以直接看到并模仿程序中标准化的演奏。这种即时的示范有助于学生理解复杂的演奏技巧，特别是对于初学者，视觉化的信息比单纯的口头指导更加直观和有效。同时数字库的建立与同步更新可以让学生在练习时通过程序获得实时的准确度反馈。这种反馈让学生能够自主调整演奏中的音准、节奏和指法，减少了对教师个别辅导的依赖，提升了自我学习与纠错的能力。数字化程序融入课堂，教师能够以更灵活和多样的方式进行教学，既丰富了教学内容，又提升了学生的自主学习能力和兴趣，使得教学效果更加显著。

（二）教学反思

1. 跨学科融合的成功与挑战

本节课通过将竹笛吹奏技巧与体育动作结合，较好地达成了跨学科教学的目标。学生通过"小篮球气息操"对气息控制有了更直观的理解，体育动作与音乐技法的结合使学习过程更具趣味性和互动性。然而，在实际操作中，学生对动作与吹奏的同步协调可能会有难度，特别是在刚开始练习时，可能需要更多的时间进行个别指导和调整。

2. 数字化辅助教学的优势与局限

竹笛数字化程序的加入，为教学提供了清晰的示范和即时反馈，有助于学生的技法打磨和自我评估。然而，程序的使用也可能存在个别学生依赖过多，缺乏对自主思考和感觉的深刻体会。因此，需要教师在课堂上适时调整，鼓励学生在模仿之外更多地通过实际感知和反复练习来巩固技能，不仅要能用数字化手段辅助教学，更要会用，用好数字化辅助。

3. 合作学习的有效性

小组合作编创与展示环节增强了学生的团队协作能力和创意表现力。学生在分组合作中不仅提高了对竹笛演奏和节奏的理解，也加强了人际互动与沟通。然而，有些小组可能在合作过程中遇到意见分歧或时间管理问题，这需要教师在课堂组织中更细致地引导，以确保每个小组都能有效完成任务。

4. 课堂节奏的调整

由于跨学科内容和不同环节的安排较为紧凑，部分学生可能在节奏转换中感到压力，特别是在"小篮球气息操"与竹笛演奏结合时的衔接上显得不够流畅。因此，教师在今后的教学设计中需要更加注重节奏的把握和每个环节的过渡，确保学生有足够的时间适应和内化所学内容。总体而言，这节课在创新性和跨学科融合上取得了一定的成功，但在具体实施过程中，还需要进一步完善各个环节的节奏与协调，帮助学生更好地掌握技法并表达音乐情感。

参考文献

[1] 中华人民共和国教育部.义务教育艺术课程标准(2022年版)[M].北京:北京师范大学出版社,2022.

[2] 中华人民共和国教育部.义务教育体育与健康课程标准(2022年版)[M].北京:北京师范大学出版社,2022.

[3] 崔允漷,王少非,杨澄宇,等.新课程关键词[M].北京:教育科学出版社,2023.

第四章 领略古诗韵律，唱响古诗新声

——小学音乐古诗新唱作品教学项目探索

教师简介：

忻乐，上海市实验学校附属小学一级教师，教龄 17 年，毕业于上海师范大学音乐教育专业。曾荣获徐汇区教育系统"荣昶骏马奖"，上海市小学音乐教师基本功大赛全能一等奖，徐汇区小学音乐教师基本功大赛全能一等奖，徐汇区小学音乐课堂教学评比一等奖等。曾指导学生团队获徐汇区学生合唱节中小学生合唱比赛一等奖，担任上海市空中课堂音乐学科课程制作。

第四章　领略古诗韵律，唱响古诗新声

随着信息技术的发展，在双"新"课改的大背景下，数字信息化在艺术课堂中的运用越来越受到重视，成为义务教育艺术课程发展的内在需要，越来越多的信息技术手段，可以代替音乐课堂中的传统键盘乐器、打击乐器等，发挥更加积极的作用，提升课堂的有效性。

在教材作品的欣赏与学唱过程中，我们常面临如下问题：如何使学生更充分地感受到歌曲的旋律特点、歌词意境；如何在学习中培养学生的审美与表达；如何激发学生自主探究、个性化学习兴趣；等等。为了解决这些问题，笔者探索在数字化技术的辅助下，尝试开展跨学科主题学习的方式，以核心素养内涵为导向、艺术情感表达与艺术美感展现为基础，开展课堂实践研究，旨在提升学生对于音乐学习的热情与主动性，培养创新思维和艺术想象力，全面发展提升核心素养，满足个体差异的同时，实现个性化的音乐学习。

第一节　课程设计展示

一、课程框架

古诗是中华优秀传统文化的瑰宝，在教材中的古诗新唱作品《咏鹅》《游子吟》，让学生用音乐的方式感受、理解、表达古诗词的魅力，探寻语文与音乐学科的共鸣，使古老的文化以新颖的形式在年轻一代中延续，增强学生对民族文化的认同感和自豪感，有助于传承和弘扬中华民族的文化遗产。

古诗本身具有优美的语言，深刻的意境和丰富的情感，将其与音乐相结合，能够让学生在欣赏和演唱中感受到文学与音乐融合的美，提升审美情趣和审美能力，激发学生对古诗和音乐的双重兴趣，提高学习的积极性和主动性。

通过结合数字化技术的跨学科学习，培养学生综合思维能力和知识迁移能力，增强学生的记忆力、想象力、创造力，全面提升学生的综合素养。以下罗列具体课程框架与思路。

（一）背景分析

《义务教育艺术课程标准（2022年版）》（简称《艺术课程标准》）中指出：坚持"以美育人"的教育理念，紧密联系生活，进行艺术创新和实际应用的能力，通过数字信息化手段在课堂中营造氛围、激发灵感、探究实验，生成独特的想法并转化为艺术成果，帮助学生形成创新意识，提高艺术实践能力和创造力，增强团队精神。[1]

三至九年级的学习任务中指出：创编是发挥想象力、释放艺术潜能的实践活动，是培养音乐思维，发掘、提升学生创造能力的重要途径，对培养创新人才具有重要意义。[2]

库乐队作为集学习、演奏、录制、创作于一体的音乐软件，以其丰富多样的音乐音色、直观的操作界面和有趣的创作方式，不仅能让学生通过亲身操作体验不同乐器的声音和演奏方式，提高音乐素养，还能够让学生发挥想象力、培养创造力和创新思维，实现个性化的学习和发展。小组活动中，学生们可以交流协作共创音乐作品，培养团队合作精神和综合能力，感受现代科技在音乐领域的应用和发展，为未来的学习生活打下基础。

（二）课程理念

基于背景分析，确定设计以理解古诗新唱音乐审美特质为学习目的，培养学生对美的感知、欣赏和创造能力，引导学生深入理解古诗所蕴含的中华传统文化内涵,以及其在音乐表达中的传承与创新,增强学生的文化自信和民族自豪感。以跨学科主题学习为学习方式,辅以数字化库乐队软件,为学生提供新颖的音乐学习体验,激发学生对现代音乐技术的兴趣和探索欲望,培养团队合作、创新探索的学习主动性,从多角度、多方位地全面认识古诗的底蕴之美,提升数字化时代的音乐素养。

(三) 课程总目标

1. 课程总目标

(1) 丰富音乐体验,增强审美感知。引导学生沉浸在诗歌的音乐世界,感受其旋律的优美与婉转。培养学生的音乐感知能力,使学生能够敏锐地捕捉到歌曲中的旋律起伏、节奏变化、和声运用等,并能通过这些音乐元素深入理解歌曲的情感之美,增强对民族文化的认同感和自豪感。

(2) 强调音乐理解,突出艺术表现。解读歌曲中歌词与音乐的紧密结合,理解歌曲中每句旋律的发展逻辑。增强学生的音乐表现能力,鼓励学生在演唱和库乐队创作中,运用所学的音乐知识和技能,为歌曲编创伴奏音乐,充分展示个人的音乐才华和创造力,准确表达歌曲的情感和意境。

(3) 关注艺术实践,提升核心素养。通过参与实际的演唱和创作过程,提升团队协作、相互倾听配合的能力,每个人在库乐队创作小组中共同探讨、分工合作,使学生更加深入地理解音乐文化的内涵和价值,增强对音乐艺术的热爱与尊重,从而全面提升音乐核心素养。

2. 课程分年段目标

课程分年段目标见表 4-1。

表 4-1　课程分年段目标

三年级	四年级	五年级
1. 了解库乐队软件的基本界面和功能，认识主界面的各个区域，能够正确打开和关闭软件； 2. 熟悉几种常见的乐器声音，感受其音色特点，了解这些乐器在不同音乐风格中的常见运用； 3. 学会一首简单的古诗新唱作品《静夜思》，理解这首诗的含义和情感，分析诗中的韵律和节奏特点，思考适合的音乐风格； 4. 能够使用库乐队中的简单节奏型为古诗编创一段简单的背景音乐，学习软件中预设的几种简单的节奏型，根据古诗的长度和需求进行调整和重复，并为节奏型选择合适的乐器音色，如舒缓的钢琴或轻柔的鼓点	1. 掌握库乐队中更多乐器的演奏技巧和特点，尝试用不同的力度和速度演奏钢琴、长笛、小号等乐器，体会其音色的变化，了解每种乐器在乐队中承担的角色和作用； 2. 深入理解古诗新唱作品《春晓》的意境和情感，了解古诗的创作背景和作者的经历，分析古诗中的意象，感受深层的情感，并与同学进行交流，丰富认知； 3. 尝试运用不同的乐器组合和节奏变化，为古诗编创出更丰富的音乐旋律； 4. 能够根据古诗的韵律和节奏，调整音乐的速度和强弱，实现音乐强弱的渐变效果，增强音乐的表现力	1. 熟练运用库乐队中的各种音效和编辑功能进行音乐编创，并对编创的音乐进行精细化处理，能够对录制的音频进行简单剪辑、拼接； 2. 能够对古诗新唱作品《游子吟》，设计出具有层次感的音乐，分析《游子吟》的结构和情感层次，规划音乐的段落，运用音乐元素的变化，乐器的增减、节奏的变化体现出层次； 3. 尝试与同学合作，共同为《游子吟》编创音乐，培养团队协作能力，明确团队成员分工，进行小组讨论、想法交流，共同解决问题，融合不同的创意并完成作品； 4. 能够对自己和他人编创的音乐作品进行评价和反思，不断改进和完善作品

（四）课程内容结构

1. 课程内容框架

基于课程教学目标与学情，《唱响古诗新声》课程预设在三至五年级音乐课堂中实施普及性教学，课程共设置 3 个单元学习内容，将音乐教材歌曲与拓展歌唱曲目进行资源整合，以"任务式"学习模式为出发点，设置由简到难渐进的库乐队软件学习及编创活动，辅助学生更好地掌握古诗新唱作品的演唱表达，同时在编创演奏与歌唱中，关注学生的音乐学习习惯、音乐实践体验、审美创造等学科核心素养的综合能力提升。课程内容框架见表 4-2。

第四章 领略古诗韵律,唱响古诗新声

表 4-2 课程内容框架

单 元	内容概要	目标指向	年段/课时
第一单元 探索库乐队	任务一:认识库乐队 1. 认识库乐队软件的基本界面; 2. 了解库乐队软件的基本功能; 3. 养成良好的操作和学习习惯	目标 1 目标 3	三年级 建议 2—3 课时
	任务二:认识智能键盘的相关功能 1. 学习智能键盘的音区、速度、节拍、调式等基本操作功能; 2. 学习智能键盘中的音色的选择与切换; 3. 学习智能键盘的旋律弹奏、和弦伴奏功能		
	任务三:认识智能鼓的相关功能 1. 认识简单、复合、响亮、安静的节奏风格; 2. 尝试添加脚鼓、小军鼓、掌声、踏钹、沙锤进行节奏编创; 3. 为学过的诗词或歌曲进行伴唱或伴读		
第二单元 唱游古诗词	任务一:探索古诗词 1. 了解诗词的作者与创作背景; 2. 理解古诗的意境与情感; 3. 有感情地朗读古诗词	目标 1 目标 3	三、四年级 建议 4 课时
	任务二:学唱古诗词 1. 学习诗词歌曲作品的旋律; 2. 学唱诗词歌曲作品的歌词; 3. 分析旋律的走向与特点; 4. 感受歌曲的整体速度和力度变化	目标 1 目标 2	
	任务三:编创古诗音乐 1. 用智能键盘弹奏歌曲的旋律并录制; 2. 选择合适的音色播放录制的旋律; 3. 用智能和声功能为歌曲编配伴奏; 用智能鼓为旋律编配合适的节奏	目标 2 目标 3	
第三单元 表演我能行	任务一:个人演绎歌曲 1. 播放编创的音乐,演唱歌曲或朗诵歌词; 2. 讨论编创音乐的优点与不足; 3. 对音乐进行优化完善与修改	目标 1 目标 3	四、五年级 建议 3 课时

续表

单元	内容概要	目标指向	年段/课时
第三单元 表演我能行	任务二：合作演绎歌曲 1. 小组合作分配键盘手、鼓手、歌手共同演绎歌曲； 2. 讨论合作演绎中的优点与不足； 3. 重新对节目进行优化排练	目标1 目标3	四、五年级 建议3课时
	任务二：古诗新唱歌会 1. 表演者简单介绍节目的创作风格与特点； 2. 投票评选出个人与团队节目的多个单项特色奖； 3. 对古诗新唱诗歌会的收获进行自评与师评	目标2 目标3	

2. 课程单元结构

课程各单元结构分别如图 4-1～图 4-3 所示。

第一单元 探索库乐队

任务一：认识库乐队
- 认识库乐队软件的基本操作界面
- 了解库乐队软件的基本功能
- 养成良好的操作和学习习惯
- 学生自评

任务二：认识智能键盘的相关功能
- 学习智能键盘的音区、速度、节拍、调式等基本操作功能
- 学习智能键盘中的音色选择与切换
- 学习智能键盘的旋律弹奏方法和智能和弦伴奏功能
- 学生自评 小组互评

任务三：认识智能鼓的相关功能
- 认识简单、复合、响亮、安静的不同节奏风格
- 添加脚鼓、小军鼓、掌声、踏钹、沙锤进行节奏创编
- 为学过的诗词或歌曲进行伴读或伴唱
- 学生自评 小组互评

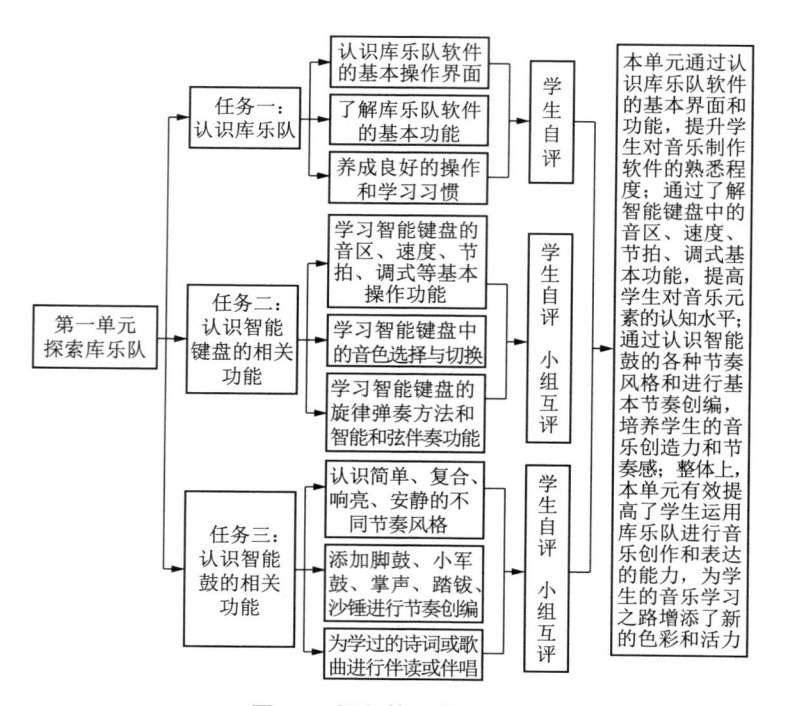

本单元通过认识库乐队软件的基本界面和功能，提升学生对音乐制作软件的熟悉程度；通过了解智能键盘中的音区、速度、节拍、调式基本功能，提高学生对音乐元素的认知水平；通过认识智能鼓的各种节奏风格和进行基本节奏创编，培养学生的音乐创造力和节奏感；整体上，本单元有效提高了学生运用库乐队进行音乐创作和表达的能力，为学生的音乐学习之路增添了新的色彩和活力

图 4-1 课程第一单元结构

第四章 领略古诗韵律,唱响古诗新声 107

```
                    ┌─ 了解古诗词的作者与创作背景 ─┐
         ┌ 任务一: ─┼─ 理解古诗词的意境与情感 ───┼─ 学生自评
         │ 探索古诗词 └─ 有感情地朗读古诗词 ─────┘
         │
         │          ┌─ 学习古诗词歌曲作品的旋律 ─┐
         │          ├─ 学唱古诗词歌曲作品的歌词 ─┤ 学生自评
第二单元 ─┼ 任务二: ─┤                         │
唱游古诗词  │ 学唱古诗词 ├─ 分析歌曲旋律的走向与特点 ─┤ 小组互评
         │          └─ 感受歌曲速度和力度的变化 ─┘
         │
         │          ┌─ 用智能键盘弹奏歌曲的旋律并录制 ─┐
         │          ├─ 选择合适的音色录制播放旋律 ───┤ 师评
         └ 任务三: ─┤                              │
           创编古诗   ├─ 用智能和声功能为歌曲编配伴奏 ──┤ 学生自评
           音乐      └─ 用智能鼓为旋律编配合适的节奏 ──┘
```

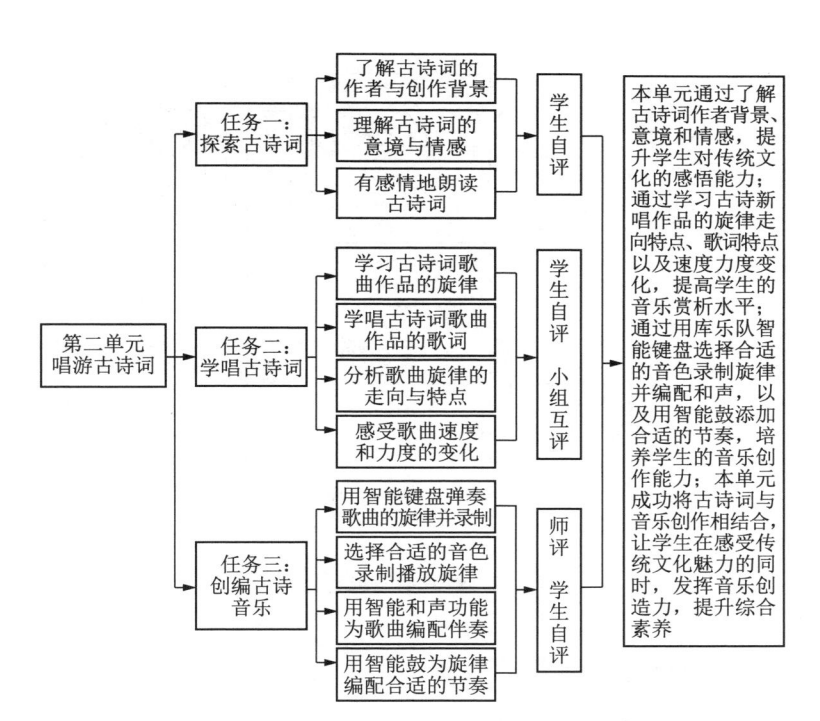

本单元通过了解古诗词作者背景、意境和情感,提升学生对传统文化的感悟能力;通过学习古诗新唱作品的旋律走向特点、歌词特点以及速度力度变化,提高学生的音乐赏析水平;通过用库乐队智能键盘选择合适的音色录制旋律并编配和声,以及用智能鼓添加合适的节奏,培养学生的音乐创作能力;本单元成功将古诗词与音乐创作相结合,让学生在感受传统文化魅力的同时,发挥音乐创造力,提升综合素养

图 4-2 课程第二单元结构

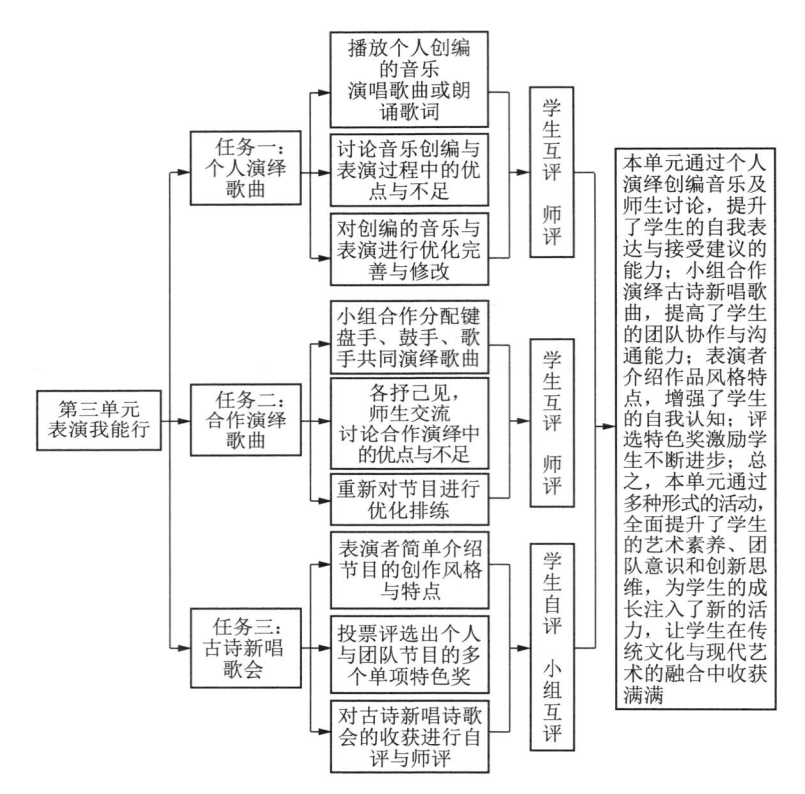

图 4-3　课程第三单元结构

(五) 学业质量评估标准

1. 评价内容概述

通常课程评价可以采取过程性评价与结果性评价、定性评价与定量评价相结合的方式创设。"唱响古诗新声"课程的过程性评价体现在任务活动评价表与单元评价集张卡两个形式,评价载体选用了学校五星少年中代表艺术形象的"艺术小星豆",荣获"艺术小星豆"称号的同学往往兴趣广泛、能歌善舞,敢于挑战自我、敢于创新,积极参加校园内外艺术活动,因此在课程评价中结合"艺术小

第四章 领略古诗韵律,唱响古诗新声

星豆"引导学生参与演绎自己的音乐作品,提升艺术学习自信,激发学生对音乐创作的兴趣,使学生明确学习的目标与感受自我成长的进步变化。

2. 评价形式

(1) 成长争星卡(单元评价)。学生参与每节课的学习,在每单元学习结束时根据不同的学习内容与学习要求,以学生自评、同伴互评和教师评价相结合的形式争得相应的"艺术小星豆"奖章,获得相应的荣誉称号。评价工具表样例(第一单元成长争星卡)见表 4-3。

表 4-3 评价工具表样例

学习任务	学习成果	自评集星	互评集星	师评集星
我能使用库乐队软件	1. 在课堂上愿意参与库乐队软件的学习; 2. 能与同伴共同参与库乐队软件的学习			
我爱使用库乐队软件	1. 能掌握库乐队软件的基本功能操作; 2. 能掌握智能键盘基本功能的使用; 3. 能掌握智能鼓的基本功能的操作			
我会使用库乐队软件	1. 能使用智能键盘弹奏输入歌曲主旋律; 2. 能使用智能和弦功能为歌曲编配伴奏; 3. 能使用智能鼓为歌曲编配合适的节奏			

争星方式:每达成一项争得一颗"艺术小星豆"
7～8 颗星　获"最强唱作家"称号
5～6 颗星　获"出彩音乐人"称号
3～4 颗星　获"艺术小达人"称号

(2) 学习档案。通过喜爱的作品记一记、表演体会写一写等过程性资料积累,以学习档案的方式阶段性检验与评价学习的效果,起到自我了解与自我激励作用。学习档案表样例见表 4-4。

表 4-4　学习档案表样例

	三年级	四年级	五年级
我最喜欢使用的库乐队智能键盘音色			
我最喜欢使用的库乐队智能鼓节奏型			
我最喜欢表演的歌曲和体会			

（3）诗词歌会。以个人或小组、现场齐奏或录制播放结合演唱、朗诵等丰富形式，开展诗词歌会，展示学习成果，通过全新演绎"古诗新唱"作品，由教师与学生投票选出"最佳创作奖""最佳表演奖""最佳团队奖"。

二、课程样张

(一) 样张版面设计

"领略古诗韵律，唱响古诗新声"课程样张的版面设计以知识主题活动为基础进行设计，引导学生参与"库乐队"信息化软件各项内容的学习，并融合各板块知识进行合作与探索，进行模拟器乐合奏，编排出具有独特风格的器乐、声乐相融合的"古诗新唱"节目，以展演的形式进行交流学习，让学生的学习过程充满乐趣，熟练掌握库乐队软件功能的基本运用。课程样张如图 4-4 所示。

(二) 样张呈现形式

"领略古诗韵律，唱响古诗新声"课程样张的呈现方式紧随信息化赋能教学的时代方向，在课程中加入"库乐队应用程序"（见图 4-5）辅助教学，把每节课的重点内容知识通过视频的方式上传云盘，并转化为数字化资源库（见图 4-6）。为学生课后探索音乐软件学习提供更丰富、更详细的学习资料，进一步提升学生自主学习的能力。

第四章　领略古诗韵律，唱响古诗新声　　　　　　　　　　111

图 4-4　课程样张

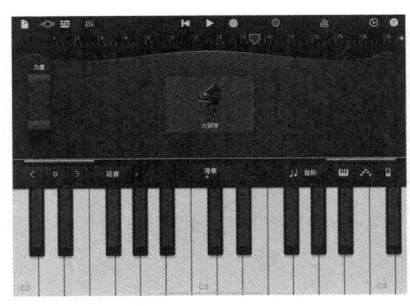

（a）智能键盘界面 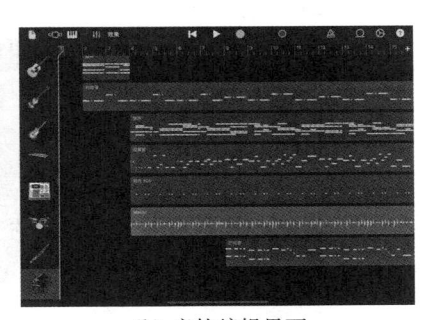　　　　　　　　（b）音轨编辑界面

图 4-5　库乐队应用程序

112　教育数字化支持下小学音乐跨学科教学设计

图 4-6　数字化资源库样例

（三）教学资源呈现

基于库乐队资源的开发，本课程样张精选了适合学生弹奏、编创的"古诗新唱"歌曲。这些歌曲的歌词都是学生从小背诵的经典唐诗，篇幅短小，有利于学生的探索实践。这些歌曲能够提升学生对于"古诗新唱"作品的审美感知和审美需求，还能进一步提升他们使用库乐队软件的实操熟练度、音乐的表现力，使学生在合作编创中提升音乐的综合素养。

（四）评价资源呈现

在实际教学过程中，将过程性评价和单元性评价进行整合，制定详细的评价维度，从能力发展、习惯养成和学习成果等多方面进行测

第四章　领略古诗韵律，唱响古诗新声　　　　　　　　　　　113

评。促进个人探索与团队互动协作能力的共同提升，促进综合素养的全面提升。任务评价表样例如图 4-7 所示。

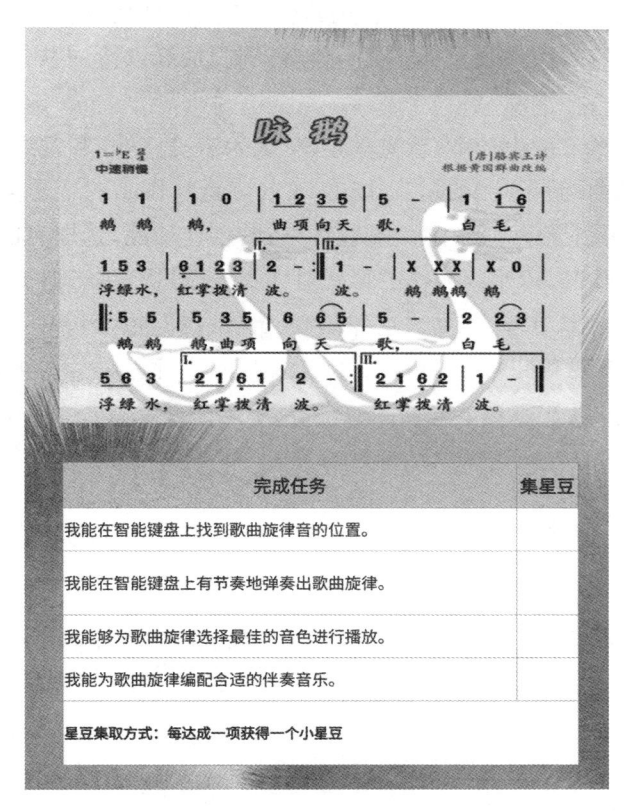

图 4-7　任务评价表样例

第二节　单元实施方案

本单元的教学设计将围绕着主题——唱响古诗新声，将知识进行结构化，重新组成一个有意义的单元，选取五年级第一学期教材第五单元中的歌曲《游子吟》,开展跨学科探索性学习,寻找音乐和古诗词之间的共鸣,发现其中的规律与共性;并引入数字化平台——库乐队软件,进行小组合作学习,利用软件中的多种功能,为学生喜欢的古诗词进行旋律录制,节奏编配,伴奏录制,最终以诗词歌会的形式,进行小组合作展演。

在本单元的设计中,首先立足于"艺术审美感知"和"文化理解",在学唱歌曲《游子吟》的过程中,发现古诗新唱作品的音乐美感与旋律特点,再引导学生利用库乐队软件中的创作功能,选取自己喜欢的古诗新唱作品,以小组协作的形式对伴奏音乐进行编、创、演,从而落实"创意实践"在单元中的主体地位,最终在汇报表演中达成最佳的"艺术表现",完成4项核心素养内容的循序渐进。本单元共设计4课时,以下呈现本单元《现代音乐中的古诗风华》的具体实施方案。

一、单元教学内容

(1)学唱并演绎歌曲《游子吟》。
(2)探索库乐队中"智能钢琴"和"智能鼓"的功能运用。
(3)为最喜欢的古诗词编创伴奏音乐。
(4)小组协作演绎编创的"古诗新唱"作品。

二、单元学情分析

五年级学生在之前的音乐学习中,不仅在歌唱中积累了丰富的情感和演唱技巧,还在欣赏丰富多样的音乐中提升了个人艺术宽度,同时积累了五线谱、节奏型等相关基础乐理知识,这对于库乐队软件在本单元中的辅助学习和创意实践起到了重要的作用。学生有能力借助库乐队中的智能键盘和智能鼓,辅助歌曲的学习和编配,弹奏喜爱的诗歌旋律并编创伴奏音乐,全新演绎经典的古诗风华。

三、单元教学目标

（1）通过学唱歌曲《游子吟》，感受五声调式旋律，结合经典诗词所带来的听觉美感，激发学生对母亲的感恩之情，培养学生对中国传统文化的兴趣和尊重，增强民族自豪感。

（2）通过库乐队软件编创和辅助演唱古诗新唱作品，培养学生的音乐感知和表现能力，提高学生对传统文化的欣赏和理解能力。

（3）通过创作一首古诗新唱作品的主旋律，经过后期合作编配再进行表演，激发学生的创新思维和团队合作精神，提升学生的综合素养。

四、单元实施安排

单元实施安排见表 4-5。

表 4-5　单元实施安排

学习任务	学习内容	建议课时
学唱歌曲《游子吟》	1. 了解歌曲的创作背景和作者孟郊； 2. 使用自然、深情的声音学唱歌曲《游子吟》，体会歌曲所表达的母爱之情； 3. 讲解歌曲的调式、节拍、速度等要素，感受歌曲的旋律特点，掌握歌曲中的音乐知识，针对歌曲中的高音和长音部分进行发声技巧练习； 4. 分析歌曲中的情感的变化，准确把握从深情到激昂的演唱递进	1
探索库乐队智能键盘和智能鼓	1. 复习库乐队中的智能键盘和智能鼓的基本界面和操作方法； 2. 能够掌握智能键盘和智能鼓的基础功能，包括音乐旋律输入、音色选择、节奏和声编辑等； 3. 用智能键盘和智能鼓为歌曲《游子吟》编配伴奏音乐并复习演绎歌曲	1

续表

学习任务	学习内容	建议课时
古诗新唱歌曲编创	1. 了解与掌握歌曲编创的基本方法和技巧，为所选的诗词创作旋律，强调旋律与诗词意境的融合； 2. 讲解旋律创作的基本要素，即节奏、音高、旋律的分配与走向； 3. 小组共同探讨诗词的主题、情感和意境，进行旋律初步创作，可以哼唱和简单记录； 4. 各小组将创作的旋律输入库乐队软件，选择合适的乐器音色或音效进行配乐，尝试不同的组合和编排，并进行调整和完善	1
古诗新唱编创交流	1. 学生依次展示自己的古诗新唱作品，简要介绍创作背景、灵感和使用的库乐队功能； 2. 分组对作品的旋律的创意、诗词的契合度、库乐队的运用技巧等方面的优点和不足进行讨论； 3. 教师对编创活动中的亮点和问题、交流与评价进行总结，并鼓励学生不断改进与创新	1

五、单元评价

单元评价维度说明见表 4-6。

表 4-6　单元评价维度说明

评价维度	评价指标
我能编创古诗新唱歌曲	1. 在课堂上愿意参与库乐队软件的学习； 2. 能认真聆听教师的示范，并参与古诗新唱歌曲伴奏音乐的编创
我爱编创古诗新唱歌曲	1. 能够理解古诗的意境和情感，并能为歌曲选择合适的速度； 2. 能够根据诗句的抑扬顿挫，选择合适的力度表现
我会编创古诗新唱歌曲	1. 能用喜爱的音色弹奏出古诗词优美的旋律； 2. 能用智能键盘为歌曲旋律选择合适的音色进行演奏； 3. 能用智能鼓为编创的旋律选择合适的节奏进行伴奏； 4. 能够在创作的伴奏音乐中有感情的演唱歌曲

第三节　典型实践案例

在当今教育的多元发展趋势下,跨学科学习逐渐成为培养学生综合素养的重要途径。古诗新唱音乐作品的二度创作与学习正是这一理念的生动体现。将古诗与音乐相结合,打破了学科之间的壁垒。在这一过程中,学生既领略古诗的韵味和内涵,感受传统文化的博大精深,又能够通过音乐的旋律和节奏,更直观地理解古诗所表达的情感。同时,借助数字化软件"库乐队"进行辅助学习,凭借其丰富多样、逼真的乐器和音效,为学生的创作提供乐无限可能,极大地激发了他们的创造力和想象力。直观便捷的操作界面,降低了音乐创作的难度,使没有深厚音乐基础的学生也能轻松上手,大胆尝试。学生不仅能够提升音乐技能,还能在面对创作难题时培养解决问题的能力,为其未来的全面发展奠定坚实基础。

课程"唱响古诗新声"在基础音乐课堂教学中开展,通过对教学设计的实践、研究、反思再实践,从而整改与完善课程。在教学设计的过程中,重视课程思想设计与课程规划的有效落实,努力提升课程目标与方案的有效性。本课程在实施过程中,教师较为关注课程理念展现、教学内容掌握,以学生的实际能力与情况安排课堂教学方式方法,确保音乐学科素养的有效落实。以下是《游子吟》一课教学设计与案例反思。

一、教学过程

【课题】

《游子吟》。

【课时】

"唱响古诗新声"第二单元探索活动3第二课时。

【教学内容】

（1）学习古诗《游子吟》，理解诗意与情感。

（2）探索歌曲《游子吟》歌词与音乐在节奏、韵律、速度等方面的共通之处。

（3）运用库乐队智能键盘辅助学习，编创《游子吟》的伴奏音乐。

【教学目标】

（1）学生能够熟练、有感情地朗读和演唱古诗新唱作品《游子吟》，准确把握歌曲的节奏与韵律，理解其情感内涵。并且用库乐队智能键盘为歌曲编创简单的伴奏音乐。

（2）通过朗读、吟唱、弹奏等方式，培养学生对歌曲的感受力和表现力，结合库乐队智能键盘的实践操作提升学生的音乐创作能力和团队写作能力。

（3）引导学生体会母亲的关爱和游子的感恩之情，培养学生的感恩意识，激发学生对中华传统文化的热爱，增强民族自豪感。

【教学重点与难点】

1. 重点

（1）理解歌曲《游子吟》的歌词含义和情感。

（2）运用库乐队智能键盘弹奏歌曲旋律，为歌曲编创合适的伴奏。

2. 难点

将古诗的韵律和音乐节奏完美融合，编创出富有情感的伴奏音乐。

【育人立意】

通过学习《游子吟》，让学生在感受母爱伟大的同时，培养学生的感恩之心、创新精神和团队合作意识,提升学生的综合素养,传承和弘扬中华优秀传统文化。

【评价环节与要求】

评价环节内容、形式及要点见表4-7。

表4-7　评价环节内容、形式及要点

评价环节与内容	评价要点	评价形式	目标指向
环节一： 朗读歌曲《游子吟》歌词	能够朗读出诗词中表达的伟大母爱和感恩之情	教师评价	目标1
环节二： 演唱歌曲《游子吟》	能够用力度变化结合旋律乐句走向,表达歌曲的情感	教师评价	目标2、3
环节三： 《游子吟》音乐编创展示与欣赏	能够在库乐队智能键盘中选择合适的乐器音色并弹奏出符合歌曲意境的主题旋律	生生互评	目标2、3

【教学流程】

（一）歌曲复习

（1）跟随琴声,有感情地朗读歌曲《游子吟》的歌词。关键设问：《游子吟》这首诗描绘了怎样的情感呢？怎样朗读能够表现出诗词的意境呢？

（2）复习并演唱歌曲《游子吟》。

（3）交流讨论,并用库乐队智能键盘弹一弹最喜欢的歌曲乐句。关键设问：歌曲中你最喜欢哪一句旋律？你能用智能键盘弹奏一下吗？

（4）用库乐队智能键盘完整弹奏歌曲旋律。

（5）教师评价。

教学意图说明

1. 学习要点

（1）情感与表达。引导学生深入领会《游子吟》所蕴含的母爱情感，通过有感情地朗读歌词和演唱歌曲，将这种情感细腻地表达出来。在朗读中，注重字音的准确清晰，以确保情感传达的精准性；把握好节奏韵律，使朗读富有节奏感和韵律美，更好地展现诗歌的意境。在演唱时，将情感融入歌声，进一步强化对母爱的感受和表达，同时提升音乐表达情感的能力。

（2）音乐素养与技能。复习演唱歌曲有助于巩固学生的音准、节奏和音色等音乐基本技能。让学生交流讨论并弹奏喜欢的歌曲乐句以及完整弹奏旋律，能够培养他们对旋律的感知、记忆、分析能力以及实际操作能力。在弹奏过程中，学生更直观地感受旋律的特点，加深对音乐的理解和欣赏，从而促进音乐综合素养的提高。

（3）创新与实践。鼓励学生在智能键盘弹奏中发挥创意，尝试用不同的方式弹奏，如改变节奏、音色或演奏方式等，培养创新思维和音乐创造力。引导学生将音乐与其他方面相结合，如用音乐表达诗歌情感或在生活中运用歌曲旋律创作，提高综合实践能力和跨学科思维能力。

2. 指导与反馈要点

（1）情感与表达引导。教师通过语言引导、讲述相关故事或自身经历等方式，帮助学生理解和感受诗歌情感，激发情感共鸣。在学生朗读和演唱时，进行示范，让学生直观感受正确的情感表达。鼓励学生分享自己的理解和感受，教师给予针对性点评和指导，使情感表达更丰富细腻。

（2）朗读与演唱指导反馈。讲解诗歌节奏特点,利用拍手等方式训练节奏把握。在演唱反馈中,敏锐听出音准问题,用钢琴辅助纠正并教授音准训练方法。指出节奏不准确之处,分析原因并示范复杂节奏型。评价演唱的音色和情感表达,引导学生优化音色并增强情感融入。

　　（3）弹奏指导与评价鼓励。引导学生分析旋律结构和走向,针对旋律不连贯的问题帮助分析原因并进行针对性练习。对学生的弹奏表现进行全面评价,肯定优点和进步,给予鼓励增强信心,同时提出改进建议和方法,促进弹奏水平提高。

(二) 运用库乐队智能键盘编创音乐《游子吟》

1. 用库乐队智能键盘,录制输入歌曲《游子吟》的旋律
（1）复习智能键盘录制功能。
（2）根据歌曲的情绪特点,选择合适的速度。
（3）根据歌曲的旋律特点,选择合适的键盘音域。
（4）开始旋律录制。
（5）成果交流。

2. 在智能键盘音色库中为旋律选择合适的音色
（1）选择符合歌曲情绪的音色,并播放进行验证。
（2）成果交流,并说明所选择音色的理由和优点。

3. 用智能伴奏为旋律添加伴奏音乐
（1）复习歌曲的和声进行。
（2）用智能伴奏依次输入和声。

4. 用智能鼓自动或手动为音乐添加鼓点节奏
（1）智能输入,选择合适的乐器组合搭配。
（2）手动输入,选择合适的节奏型。

(3) 成果展示与交流。

> **教学意图说明**
>
> 1. **学习要点**
>
> （1）技术与创作融合。学生借助库乐队智能键盘录制《游子吟》旋律，以此全面掌握智能键盘的录制功能以及速度、音域等参数的设置技巧。这一过程不仅是技术的实践操作，更能让学生深刻体会这些参数如何影响歌曲的整体效果，从而培养学生在音乐创作中对细节的精准把控能力。同时，为旋律选择恰当的音色、添加伴奏音乐和鼓点节奏，让学生深入理解不同音乐元素在音乐创作中的作用和表现力，提升音乐审美与创作能力，将对歌曲的理解巧妙融入创作过程。
>
> （2）音乐理解与创新。促使学生深入领会《游子吟》的情感内涵和音乐特点，在编创过程中以个性化的方式进行诠释，展现创新思维和独特的音乐表达。成果交流环节为学生提供展示平台，促进相互学习，拓宽音乐视野，通过他人反馈反思改进创作，不断提高音乐创作水平和团队协作能力。
>
> （3）音乐素养提升。通过整个编创过程，培养学生对音乐的整体感知和综合素养。包括对旋律、和声、节奏、音色等音乐要素的敏锐感知和协调运用能力，以及在音乐创作中对作品整体结构和风格的把握能力。让学生在实践中理解音乐各要素之间的相互关系和相互作用，提升音乐鉴赏和创作的综合水平。
>
> 2. **指导与反馈要点**
>
> （1）录制指导与反馈。复习录制功能并示范操作，引导学生根据歌曲情感选择合适速度和音域，监控录制过程解决问题，成果交流时鼓励展示，评价从旋律准确性等方面给出改进建议。

第四章　领略古诗韵律，唱响古诗新声

（2）音色选择指导与反馈。引导学生分析歌曲情感选择匹配音色并试听验证，成果交流让学生阐述理由，教师点评补充，促进音色选择思路拓展和审美提升。

（3）伴奏添加指导与反馈。复习和声进行原理及应用，指导学生在智能伴奏中输入和声，检查纠正错误，关注伴奏效果优化，成果交流分享经验体会，提高伴奏创作与欣赏能力。

（4）鼓点节奏添加指导与反馈。智能输入时指导选择合适乐器组合，手动输入讲解节奏型特点及选择方法，示范演奏让学生感受韵律，调整鼓点效果与其他元素融合，成果展示交流分享技巧创意，共同进步。

（三）诗词歌会节目编创与排练

1. 节目选择

（1）个人节目。播放个人录制多轨音乐，搭配个人演唱或朗诵。

（2）团队节目。设置歌手、旋律键盘手、和声键盘手、鼓手进行现场合作表演。

2. 节目形式和风格构建

（1）在传统节目形式基础上，寻求戏剧、音乐剧等形式的节目创新。

（2）可以适当融入爵士、流行、古典等音乐风格，进一步提升节目的艺术丰富性。

教学意图说明

通过个人节目中多轨音乐与演唱或朗诵的搭配，以及团队节目里不同角色的分工合作表演，让学生全面体验音乐与诗词融合的多样形式。培养学生在艺术表现上的创新能力，无论是个人的独特创意展现还是团队协作中的配合创新,都促使学生深入理解和把握如何根据《游子吟》的特点构建独特节目风格,从而提升学生综合艺术素养和团队协作精神。

(四) 师生交流与评价

(1) 教师总结本科学习内容,对节目编创要点进行总结。

(2) 教师对小组合作的表现进行鼓励并指出可以优化的方向。学生进行互评与自评,反思总结自己的学习成果。图 4-8 所示为学生自评集章卡样例。

学习任务	集章
我能有感情地朗读和歌唱歌曲《游子吟》。	
我能在智能键盘上录制《游子吟》的旋律。	
我能为《游子吟》的旋律编配更好听的音色、伴奏和鼓点节奏。	
我能用自己编创的《游子吟》音乐,参与排演个人或团队诗词歌会节目。	
争星方式:每达成一项争得一颗"艺术小星豆"	

图 4-8　学生自评集章卡样例

二、教学案例及反思

(一) 主要环节与策略

1. 歌曲复习环节

(1) 情感领悟与表达策略。

1) 通过关键设问引导学生思考《游子吟》所描绘的情感,让学生在朗读和演唱前对诗歌的情感基调有初步的认知,激发学生的情感

第四章 领略古诗韵律,唱响古诗新声

共鸣,帮助学生更好地理解诗歌中蕴含的深厚母爱情感。

2)在朗读歌词时,强调字音的准确清晰,教师示范正确的发音,让学生跟读纠正,确保情感传达的精准性。对于节奏韵律的把握,教师讲解诗歌的节奏特点,用拍手、跺脚等方式让学生感受节奏的韵律感,使朗读富有节奏感和韵律美,更好地展现诗歌的意境。

3)在演唱歌曲时,教师亲自示范演唱,展示如何将情感融入歌声中,通过面部表情、肢体动作等方式让学生直观感受正确的情感表达方式。鼓励学生分享自己对诗歌情感的理解和感受,然后教师给予针对性点评和指导,引导学生调整演唱的语气、力度等,使情感表达更加丰富细腻。

(2)音乐技能巩固与提升策略。

1)复习演唱歌曲是巩固学生音准、节奏和音色等音乐基本技能的重要方式。教师在学生演唱过程中,仔细倾听,敏锐地听出音准问题,让学生对比自己的演唱,找出音准偏差并进行纠正。同时,提醒学生注意歌曲中的节奏变化,对于节奏不准确的地方,教师分析原因并示范正确的节奏型,让学生模仿练习。

2)在学生交流讨论并用库乐队智能键盘弹奏喜欢的歌曲乐句时,教师引导学生分析旋律的特点,如旋律的高低起伏、音符的长短变化等,培养学生对旋律的感知和记忆能力。对于完整弹奏歌曲旋律,指导学生注意旋律的连贯性,分析旋律结构和走向,针对旋律不连贯的问题帮助学生分析原因,如节奏把握不准确等,并进行针对性练习,提高学生的实际操作能力和对旋律的分析能力,从而促进音乐综合素养的提高。

(3)创新与实践激发策略。

1)鼓励学生在智能键盘弹奏中发挥创意,尝试用不同的方式弹奏,如改变节奏、音色或演奏方式等。教师可以提供一些示例,如将原曲的节奏加快或减慢,改变音色为电子音或古典音等,激发学生的

创新思维。引导学生思考如何用不同的弹奏方式来表达诗歌情感的变化,比如,在表达母亲的辛勤劳作时,用较为沉稳的节奏和音色;在表达子女的感恩之情时,用更加激昂和温暖的音色。

2) 引导学生将音乐与其他方面相结合,在生活中寻找与《游子吟》情感相关的场景,并用智能键盘创作一段音乐来表现这个场景,提高学生的综合实践能力和跨学科思维能力。

2. 运用库乐队智能键盘编创音乐环节

(1) 技术与创作融合指导策略。

1) 在录制旋律部分,教师首先复习智能键盘录制功能,详细示范每一个操作步骤,确保学生熟悉录制流程;然后引导学生根据歌曲的情绪特点选择合适的速度,如对于《游子吟》这样抒情的歌曲,可以建议选择较为舒缓的速度,让学生试听不同速度下的效果,感受速度对歌曲情绪的影响。在选择键盘音域时,教师帮助学生分析歌曲旋律特点,如高音部分较多的段落可以选择稍高的音域,以突出旋律的明亮感;低音部分较多的段落可以选择稍低的音域,增强旋律的沉稳感。在学生开始旋律录制时,教师密切监控录制过程,及时解决学生遇到的技术问题,如声音录制不清晰、录制中断等。录制完成后,在成果交流环节,鼓励学生展示自己录制的旋律。教师从旋律准确性、速度和音域选择的合理性等方面进行评价,给出改进建议。

2) 在音色选择方面,教师引导学生分析《游子吟》的情感内涵,选择符合歌曲情绪的音色。比如,温暖的弦乐音色可以更好地表现母爱的柔和与温暖。教师让学生在智能键盘音色库中挑选音色,并播放进行验证,感受不同音色与旋律的搭配效果。在成果交流中,要求学生说明所选择音色的理由和优点,教师点评补充,促进学生音色选择思路的拓展和审美的提升。

3) 对于添加伴奏音乐,教师复习歌曲的和声进行原理,讲解常见的和声进行模式以及它们在音乐中的作用。指导学生在智能伴奏

第四章 领略古诗韵律,唱响古诗新声

中依次输入和声,检查学生输入的和声是否正确,及时纠正错误,引导学生通过试听感受和声与旋律的融合效果,调整不合适的和声配置。关注伴奏的整体效果,包括和声的和谐度、与旋律的配合度以及音量平衡等方面,帮助学生优化伴奏效果。

4)在添加鼓点节奏环节,对于智能输入,教师指导学生根据歌曲的风格选择合适的乐器组合搭配,如对于抒情的《游子吟》,选择节奏较为平稳、音色柔和的鼓乐器。对于手动输入,教师讲解不同节奏型的特点和应用场景,示范一些节奏型的演奏方法,让学生感受韵律,然后引导学生根据歌曲的旋律和情感选择合适的节奏型。在学生添加鼓点节奏后,教师指导学生调整鼓点的音量、节奏的疏密程度以及与其他音乐元素的融合度,使鼓点节奏更好地增强音乐的节奏感和丰富度。在成果展示与交流环节,组织学生相互评价和学习,分享在添加鼓点节奏过程中的技巧和创意。

(2)音乐理解与创新培养策略

1)在整个编创过程中,教师不断引导学生深入领会《游子吟》的情感内涵和音乐特点。让学生分析诗歌的词句,理解每一句所表达的情感和意境,然后将这些理解融入音乐编创。

2)鼓励学生以个性化的方式进行诠释和编创,不局限于传统的音乐表现形式。比如,有的学生可能会在旋律中加入一些独特的装饰音,或者改变歌曲的结构,教师要给予支持和引导,让学生在创新中展现自己的音乐想法和个性。成果交流环节为学生提供了展示平台,让学生相互欣赏和学习不同的编创作品,拓宽音乐视野。教师组织学生进行讨论和评价,引导学生从他人的作品中汲取灵感,反思自己的创作,不断提高音乐创作水平和团队协作能力。

(3)音乐素养提升策略

1)通过让学生全面参与编创过程,培养学生对音乐的整体感知和综合素养。在旋律录制中,学生学会了如何把握速度、音域等参数

对旋律效果的影响,提高了对旋律的敏感度和把控能力。在选择音色、添加伴奏和鼓点节奏的过程中,学生深入理解了旋律、和声、节奏、音色等音乐要素之间的相互关系和相互作用。

2)教师引导学生在创作中注重作品的整体结构和风格的把握,让学生思考如何使各个音乐元素相互协调,形成一个统一的、有感染力的音乐作品。比如,在添加伴奏和鼓点节奏时,要考虑与旋律的配合度,不能让伴奏和鼓点过于突出而掩盖了旋律的主体地位,也不能让它们过于微弱而无法起到增强音乐效果的作用。通过这样的实践,学生的音乐鉴赏和创作的综合水平得到了有效提升。

(二)教学反思

1. 实际效果及归因分析

(1)实际效果。

1)多数学生能在朗读和演唱时较好地把握《游子吟》的情感基调,将对母爱的感恩之情融入其中,声音富有感染力。他们在教师的引导下,通过语调、节奏的变化展现出了一定的情感细腻度。然而,仍有部分学生情感表达平淡,未能深刻传达诗歌情感。

2)复习演唱和智能键盘弹奏练习后,学生在音准、节奏和音色把握上有进步。音准问题通过钢琴辅助纠正和训练方法教授得到改善,节奏把握更准确,能体现歌曲节奏变化。智能键盘弹奏方面,学生对旋律感知和演奏能力提高,能流畅弹奏且更理解旋律特点。少数学生在弹奏连贯性和技巧上存在不足。

3)编创音乐环节,学生展现出一定的创新思维和实践能力。许多学生尝试改变弹奏方式、选择合适音乐元素编创,成果交流中展示出多样化作品,体现个性和创意。

4)团队节目编创中,学生分工明确,合作默契,如歌手、键盘手、鼓手等各司其职,共同完成表演。成果展示与交流促进相互学习,提升团队协作和交流能力。过程中存在个别学生突出自己想法导致团队意见不一致,部分学生参与度不高,过于依赖他人等问题。

(2)归因分析。

1)积极效果归因。教师的情感引导方式有效,如语言引导、故事分享等激发了学生情感共鸣,且朗读和演唱指导注重细节,帮助学生掌握情感表达技巧。教师及时纠正音准、强化节奏训练以及对智能键盘弹奏的指导起到了作用,学生通过反复练习和正确方法的引导,逐渐掌握了音乐技能。教师对创新与实践的引导激发了学生的积极性,提供的创新活动和案例启发了学生思维,让他们敢于尝试不同的创作方式。教师注重团队合作培养,提供合作表演机会和组织交流活动,使学生明确分工并形成默契。

2)不足归因。部分学生对诗歌情感理解深度不够,可能源于对诗歌背景和文化内涵了解不足;同时,情感表达技巧训练可能不够个性化和深入,未能满足所有学生需求。少数学生可能在练习时间和方法上存在问题,缺乏足够的自主练习和针对性的技巧训练,或者对音乐技能的理解和掌握能力相对较弱。部分学生受传统音乐观念影响,思维较为局限,且可能在教学中缺乏对创新自信和勇气的进一步培养,导致创新保守。团队建设和沟通训练可能不够深入,在面对团队分歧和成员参与度问题时,缺乏有效的解决机制和引导方法,导致个别学生在团队中表现不当,部分学生参与度不高。

2. 改进对策

(1)深化情感教育。增加对诗歌《游子吟》的背景资料和文化内涵的讲解,让学生更全面地了解诗歌创作的时代背景和作者的情感寄托,从而加深对诗歌情感的理解。可以组织学生观看一些与母爱相关的影视作品或文学作品,进一步激发学生的情感共鸣。在情感表达训练中,增加更多的实践环节和个性化指导。比如,让学生分组进行情感朗读和演唱比赛,互相评价和学习;针对情感表达较为平淡的学生，教师进行一对一的辅导，帮助他们分析自己在表达中的问题，并提供具体的改进建议。比如，如何通过声音的强弱、虚实变化来表现情感的层次。

（2）强化音乐技能训练。设计更加系统和有针对性的音乐技能训练方案，根据学生的不同水平进行分层教学。对于音准和节奏掌握较差的学生，增加专门的训练课程，如音阶练习、节奏模仿练习等，并定期进行检测和反馈。在智能键盘弹奏训练中，加强对学生弹奏技巧的指导，包括手指的姿势、按键的力度和速度等方面。可以组织一些弹奏技巧的小讲座和示范活动，让学生更直观地学习正确的弹奏方法。同时，鼓励学生多进行课外练习，提供一些适合学生练习的曲目和练习方法建议，提高学生的弹奏水平和熟练程度。

（3）拓展创新思维培养。开展更多的音乐创新活动，如音乐创作比赛、音乐创意分享会等，为学生提供更广阔的创新平台和展示机会。在教学中，引入更多的现代音乐元素和创作手法，拓宽学生的音乐视野，激发他们的创新灵感。鼓励学生大胆尝试新的音乐风格和表现形式，不局限于传统的观念和方法。教师可以提供一些成功的音乐创新案例进行分析和讨论，让学生了解创新在音乐创作中的重要性和可能性。同时，对于学生的创新尝试给予更多的鼓励和支持，即使学生的想法不够成熟，也要肯定他们的创新精神，引导他们不断完善和发展自己的创意。

（4）优化团队协作教学。在团队节目编创前，加强团队建设和沟通训练，让学生更好地了解团队合作的重要性和方法。可以组织一些团队拓展活动，增强学生之间的信任和默契。在团队协作过程中，教师要加强指导和监督，及时解决团队中出现的问题。比如，当学生出现意见不一致时，教师引导学生进行民主讨论，充分听取每个人的意见，寻求最佳的解决方案；对于参与度不够高的学生，教师要鼓励他们积极参与，为团队贡献自己的力量，明确每个学生在团队中的重要性。完善团队评价机制,不仅要评价团队的最终成果,还要评价团队成员在协作过程中的表现,如团队合作精神、沟通能力、贡献度等方面,促进学生全面发展和团队协作能力的提升。

参考文献

[1] 王国维.人间词话[M].海口:海南出版社,2013.

[2] 章志英.阅读教学,从关注言语内容到关注言语形式[J].小学教育研究,2018(11):21.

第五章　萌心·家国歌舞秀

——小学音乐学科家国情怀类作品的
跨学科活动项目

教师简介：

　　沈欣妍，上海市徐汇区康健外国语实验小学中级教师，教龄16年。曾荣获2022年上海市徐汇区小中青年课堂教学评比二等奖。多次获区级音乐教师基本功大赛声乐组一等奖。2014年个人课题《低年级小学生多感官体验式识谱活动的研究》荣获青年教师教育活动研究课题二等奖，个人课题研究成果三等奖等。

　　曾指导学生荣获2016年上海市中小学生舞蹈比赛三等奖，徐汇区中小学舞蹈比赛一等奖，2019年第四届"上海之心"国际合唱节幼儿组银奖，徐汇区中小学戏剧节校园剧组二等奖。

第五章　萌心家国歌舞秀

在以中国式现代化奋力谱写中华民族伟大复兴新篇章的征程中，小学生们将不断学习成长，逐步接过前辈手中的接力棒，为实现中华民族伟大复兴的中国梦贡献自己的力量。培养小学生的家国情怀，不仅是小学音乐教育融入爱国主义教育精神的生动实践，更是为强国之梦播撒希望种子的关键环节。在奋力谱写中国式现代化新篇章的征程中，作为中华民族伟大复兴的接棒者，小学生将通过不断学习和成长，逐步肩负起前辈赋予的时代使命，最终为实现中华民族伟大复兴的中国梦贡献自己的力量。这使小学音乐课堂的教学设计、活动设计都需要借助数智技术手段、融合渗透跨学科理念，使相关主题单元和教材内容深入心灵，启智润心。作者从情感共鸣、内容设计与实践体验三个温馨而富有创意的角度，探索如何在小学音乐教育中催生和滋养孩子们的家国情怀。

作为义务教育音乐课程中的重要学习内容，家国情怀类的歌乐曲作品在实施过程中却面临诸多难题，如教材作品覆盖面窄、难度大、相关背景资源少等。为了克服以上难题，笔者深入研究小学生音乐课程内容实践方法和数字智能软件的使用，结合语文学科的教学材料和应用方式，开展小型歌舞剧表演的跨学科主题活动。通过跨学科主题学习的方式，促进学生对家国情怀类作品的理解和表现；探索创新开展家国情怀类作品的活动方式。

为此，笔者梳理了音乐学科以及跨学科学习的理论基础，明确了跨学科教学对于推动学生深度自主学习、发展综合素养的重要意义。结合三至五年级音乐教材中的相关作品，进行内容整合与分类，设计了跨学科活动项目"萌心家国歌舞秀"。在活动实施方案中，我将阐述整个单元设计,包括单元概述、教材分析、单元目标、问题链设计及评价体系,并在最后呈现典型实践案例的活动设计。力求通过系统化的设计,使学生能在丰富的跨学科活动中,深化对家国情怀类作品的理解与感受,也期待通过此次探索创新,能为小学音乐跨学科活动提供有益的参考与借鉴。

第一节 项目构建

一、项目设计意图

家国情怀类歌乐曲深刻地映射出个人、家庭与整个社会、国家之间不可分割的命运共同体关系,通过优美的旋律和深刻的歌词,激发民族自尊心,弘扬民族精神,传承中华优秀传统文化,引导学生树立科学的世界观、积极的人生观和正确的价值观。

《义务教育艺术课程标准(2022年版)》(简称《艺术课程标准》)指出:小型歌舞剧表演是融音乐、舞蹈、动作、美术、文学等于一体,表现情境或故事,表达思想感情的综合性艺术活动。小型歌舞剧表演有助于加强音乐与其他艺术的联系,提高学生的跨学科的实践能力和综合表演能力。三至五年级学生要欣赏舞蹈、戏剧(含戏曲)等艺术作品,观察其表演动作,领会其表演特点,进行一定的模仿。根据歌曲内容自编动作进行歌舞表演,与同伴合作编创与表演简单情境或剧情。

然而,在家国情怀类歌乐曲的课堂教学活动中,教师主要围绕音乐理论知识与音乐实践技能开展活动,多采用学唱为主,声势律动为辅等传统方法,教学手段限于听辨、模唱等固有形式,减少深刻的体验感,降低了审美要求,导致了美育价值不能有效实现。

为了增加家国情怀类歌乐曲的审美体验,提高音乐学科的美育价值,有效落实育人价值,笔者尝试寻找不同学科间的关联,开展跨学科的家国情怀类歌乐曲的大单元活动,丰富学生在家国情怀类歌乐曲实践中的感悟,加深对此类作品的理解,提高学生在实践中的表现,激发学生对此类作品的思考。

二、项目实施框架

(一) 理论基础

本项目的开发与建设基于艺术课程标准明确提出的强化学科间知识关联,以及跨学科主题不少于10%的课时设计原则。"诗,言其志也。歌咏其声也。舞,动其容也。三者本于心,然后乐器从之";元代的杂剧,是诗歌、音乐与戏剧的综合,约相当于我们今天的歌舞剧。今天我们所说的歌舞剧(musical theater),是指将音乐(声乐与器乐)、戏剧(剧本与表演)、文学(诗歌)、舞蹈(民间舞与芭蕾)、舞台美术等融为一体的综合性艺术。

1999年6月,中共中央、国务院就已发布《关于深化教育改革全面推进素质教育的决定》,但是在实践过程中,人们对美育的理解还是民国以来就形成的音乐加美术的结构,这显然是很片面的。在《艺术课程标准》的指引下,音乐课堂中各类表现形式的实践得到了重视,"歌舞剧"也不例外。学生们在教师的指导下,在"小型歌舞剧"活动中进行剧本撰写、实践编创、合作表演,提高学习的参与度,增加学习的积极性。

朱光潜给语言下了一个定义:"语言是指称(Refer)实有事物或想象事物的一种符号(Sign)体系。这些符号不是自然的形象,就是约定俗成的符号。"

在本活动中,语言(包括对话、旁白、歌词等)不仅是(所指)角色之间沟通的方式,更是(能指)展现剧情、塑造人物、传达主题的重要手段;语言符号也具有隐喻和象征来传达比字面意义更深层次的信息,某些语音符号表达了对特定历史问题的深刻思考,提升了学生的审美层次;学生在教师的引导下,解读这些创作者通过精心设计的语言符号来理解和感受歌舞剧的艺术魅力。这个过程中,学生提升了文化素养、审美能力和情感共鸣能力,可以更准确地把握创作者所传达的信息和意义。

芬兰符号学家埃罗·塔拉斯蒂(Eero Tarasti)在《音乐符号学理论》中对音乐符号的能指和所指进行了界定:"大致而言,所有音乐模式都可以区分为两个层次:①能指层面,音乐被聆听、物理刺激、音乐材料;②所指层面,概念、思想和音乐引起的情感。"本活动将从音乐符号学的角度出发,通过音乐符号的能指(即自然科学形式)解释音乐的符号系统(如音高、节奏、音色、力度等)特定的组合和排列,引导学生理解音乐所表达的深层含义、情感、概念或信息。比如,①文化意义,音乐符号承载特定的文化内涵和象征意义,从而传达出特定的文化身份和历史记忆;②审美体验,音乐通过旋律走向、和声结构等元素的相互作用,使学生获得一种具有主观相对性的审美过程;③象征与隐喻,音乐中的符号有时也用作象征或隐喻,以表达更为抽象或复杂的概念。

柯蒂斯·卡特(Curtis L. Carter)认为,"舞蹈是由认知构成的符号"。当我们说一支舞蹈表达了"悲伤""快乐",并不是舞蹈演员或者音乐本身真的拥有这种特性,而是暂时性"占有"(possess)某种特性,而这就是"表现"。艺术作品的情感是一种指称方向恰恰相反的回溯性指称,与其说作品表达了某种情感,毋宁说是人的情感投射到作品后的结果。在本活动中,舞蹈设计往往根据剧情需要、角色性格以及文化背景进行灵活调整,所以舞蹈不仅是学生身体运动的展示,更是情感、思想和文化内涵的符号化表达。通过舞蹈的肢体语言,学生能够感受到剧中人物的情感波动、情节发展以及文化背景,从而实现与作品的深度交流。家国情怀类歌舞剧中的舞蹈往往承载着红色基因和民族特色。通过舞蹈符号的展示和传播,学生能够了解和感受到红色文化的魅力和内涵。

中国古代的"乐"包含着诗、歌、舞三项内容,是一种歌舞剧型的表演艺术。音乐作为一门表演艺术,可以经由跨学科融合的活动,将内心的情感和思想进行多层次的表达,实现强烈的情感共鸣。

(二) 内容整合

笔者梳理了上海音乐出版社和人民教育出版社三至五年级音乐教材中的家国情怀类歌乐曲作品,发现家国情怀主题作品多集中在一个自然单元,且所有曲目都是声乐体裁,可以分为三类:第一类,三年级中的中华人民共和国国歌、《中国少年先锋队队歌》、《歌唱祖国》和五年级的《少先队进行曲》,这 4 首为进行曲风格的歌曲;第二类,三年级的《祖国您好》,五年级的《祝福祖国》《甜甜的大家园》均为表现节日盛会和丰收的喜悦的歌曲,具有轻快跳跃的舞蹈韵律;第三类,三年级的《在那桃花盛开的地方》,四年级的《我的家园》《少年中国梦》《妈妈教我一支歌》,五年级的《雨花石》《长城谣》《国家》《我和我的祖国》均以抒情悠扬的旋律线条,表达人民对国家安定,人民幸福的美好憧憬和深情祈愿。

在日常活动中,第一类和第二类作品在课堂中学生可以随着音乐加入打击乐合作或舞蹈肢体动作,因此学习体验会相对丰富,而第三类作品虽然都可称为抒情歌曲,但是其产生年代背景不同,与学生的实际生活差别很大,课堂上往往是请学生用语言简单描述音乐歌曲描绘的画面或表达的心情,实践活动单一无趣,但这些作品的育人内涵却万万不可被忽视,因此我选取第三类作品来构建跨学科大单元项目,融合语文学科的表达交流和梳理探究,借助数字技术,推进学生编创和表演小型歌舞剧,以促进学生对家国情怀作品的理解和表现。

图 5-1 所示为音乐学科与舞蹈学科、语文学科的内在联系。

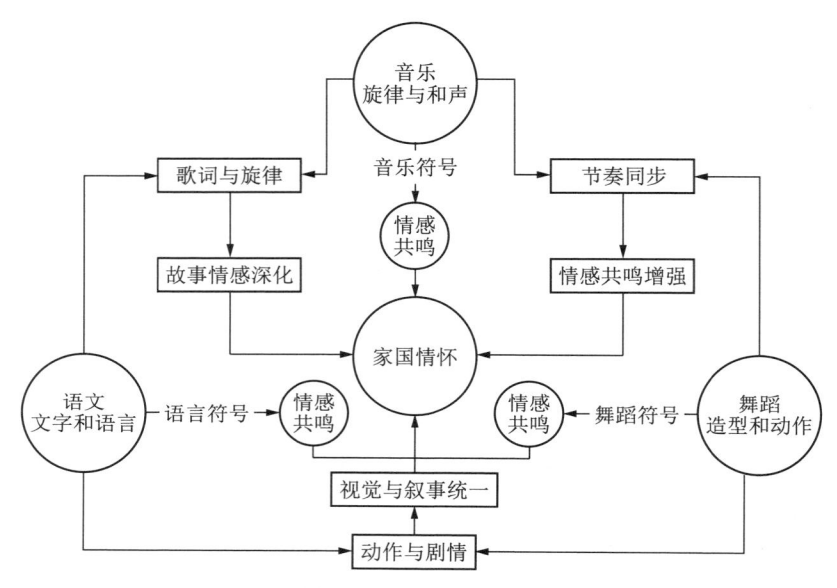

图 5-1　音乐学科与舞蹈学科、语文学科的内在联系

第二节　项目实施方案

一、项目概述

"萌心家国歌舞秀"跨学科活动课程的教材选自上海音乐出版社《音乐》三至五年级的内容，围绕家国情怀类作品展开。本单元学习内容主要指向欣赏舞蹈、戏剧（戏曲）等艺术作品，观察其表演动作，领会其表演特点，并进行一定的模仿，根据歌曲内容自编动作进行歌舞表演。学生通过对本单元内容的学习，能了解音乐相关文化内涵和作品的历史成因，锻炼基本的演唱、演奏能力和初步的数字音乐制作技能。以红色故事为线索，结合家国情怀主题歌曲，从模仿到实践，再由实践到编创，循序渐进、由浅入深地开展综合表演实践活动，

最终以小型歌舞剧的形式呈现课堂实践成果。本研究所指的歌舞剧是指基于《艺术课程标准》对小型歌舞剧的定义，参照该标准，弱化戏剧表演部分，强调歌舞在歌舞剧中的主体地位的剧目。为初中阶段戏剧课做好铺垫。

单元活动内容结构基于上海市小学音乐学科活动基本要求活动目标与学情，预设在三至五年级音乐课堂中实施，课程共设置三个单元学习内容，将音乐教材歌乐曲与活动相结合，以"小型歌舞秀"的活动任务，引导学生从故事到音乐，由音乐到舞蹈的创演合作。促使学生积极参加音乐实践体验、审美创造等方面提升学科核心素养，种下家国情怀的"种子"。

二、项目目标

（一）强调音乐理解提升音乐表现

通过图片影像资料、可视化的动态乐谱，促进学生从历史文化、音乐特征两个角度感悟音乐中的精神与情怀，理解作品内涵，进一步提升学生的演唱、演奏音乐表现力，以促进学生在综合实践表现中理解和表达家国情感。

（二）借助数字技术促进音乐表现

借助数字资源、多种数字技术，丰富学生的艺术想象、开发创造潜能，促进对音乐的实践体验和编创生成。使学生在实践中逐步形成初步的歌舞综合表演的能力。

（三）依托项目任务实现合作实践

以小型歌舞剧表演为主项任务，跨界融合语文学科的朗诵、讲故事和策划剧本方案等学科能力，用美的文字语言和美的音乐舞蹈联合呈现合作成果。并能对本组和其他团队的表演做出中肯的总结和具有积极建设性的建议。

三、课程内容结构

(一) 课程内容框架

课程内容框架见表 5-1。

表 5-1 单元活动内容框架

项 目	内容概要	目标指向	建议年段/课时
第一单元 初试小型歌舞剧 《聂耳的故事》	任务一：认识歌舞剧 1. 读剧本，了解《聂耳的故事》； 2. 听音乐，分辨情绪； 3. 看舞蹈《卖报歌》，了解肢体表演	目标 1 目标 3	三年级/ 3 课时
	任务二：学《聂耳的故事》 1. 念念台词，语言合作； 2. 唱唱歌曲，学做音乐； 3. 练练形体，走位合作	目标 1 目标 2	
	任务三：演《聂耳的故事》 1. 台词与音乐结合； 2. 舞蹈与音乐结合； 3. 台词、舞蹈、音乐三者结合	目标 3	
第二单元 编演小型歌舞剧 《草原英雄小姐妹》	任务一：初探歌舞剧 1. 看动画，了解剧情； 2. 按情节，选音乐； 3. 看舞蹈，学动作	目标 2 目标 3	四年级/ 3 课时
	任务二：编《草原英雄小姐妹》 1. 改改剧本，填填台词； 2. 唱唱歌曲，唱演结合； 3. 改编舞蹈，舞台走位	目标 1 目标 2	
	任务三：演《草原英雄小姐妹》 1. 台词与音乐结合； 2. 舞蹈与音乐结合； 3. 台词、音乐、舞蹈三者结合	目标 3	

第五章 萌心家国歌舞秀

续表

项　目	内容概要	目标指向	建议年段/课时
第三单元 创演小型歌舞剧 《为中华之崛起而读书》	任务一：设计歌舞剧 1. 改编课文，创作唱段； 2. 情境台词，音乐音效	目标2 目标3	五年级/ 4～5课时
	任务二：设计音乐和舞蹈 1. 台词与音乐结合； 2. 舞蹈与音乐结合； 3. 台词、舞蹈、音乐三者结合	目标2	
	任务三：展示剧本演出 1. 分组展示； 2. 完成互评和总结反思	目标3	

（二）课程单元结构

课程各单元结构分别如图 5-2—图 5-4 所示。

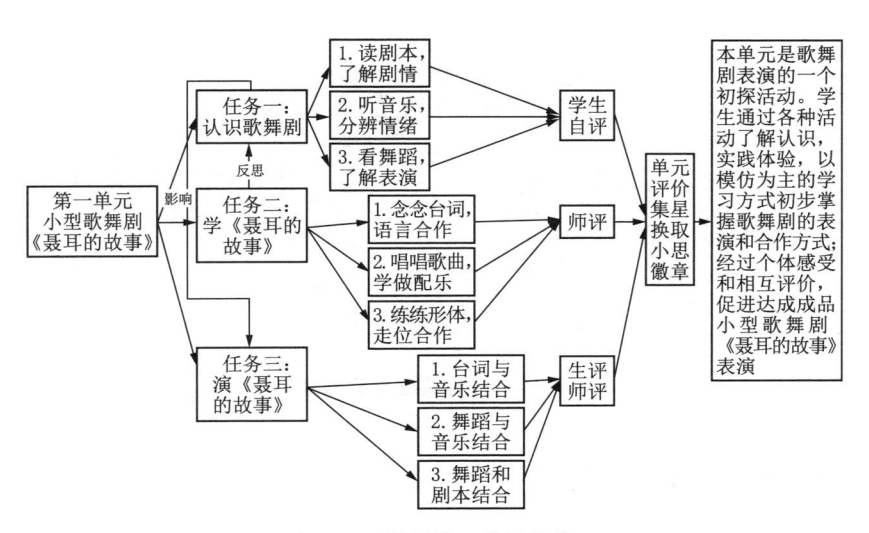

图 5-2　课程第一单元结构

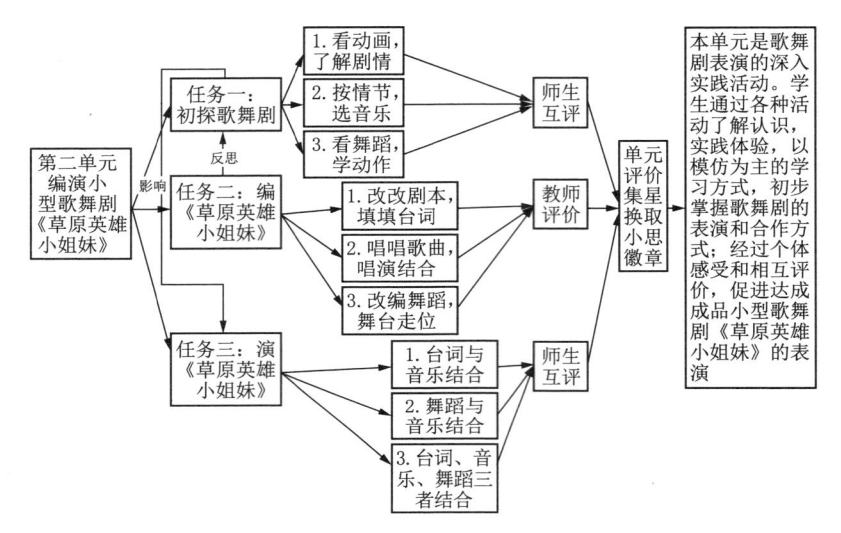

图 5-3　课程第二单元结构

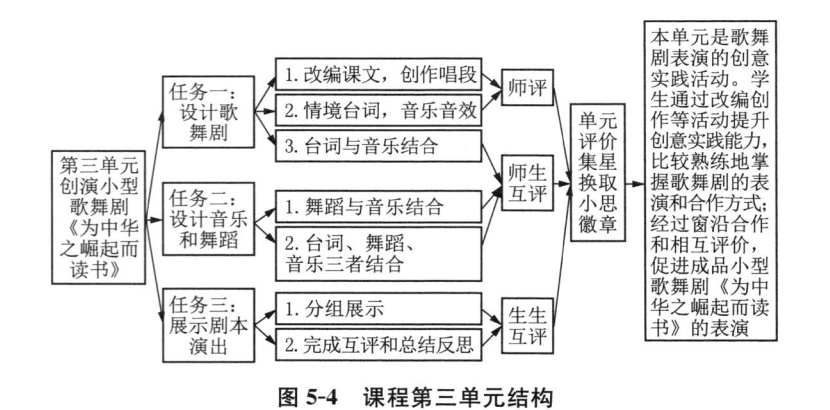

图 5-4　课程第三单元结构

四、学业质量评估标准

(一) 评价内容概述

通常课程评价可以采用过程性评价与结果性评价、定性评价与定量评价相结合的方式创设。"萌心歌舞秀"课程的过程性评价体现在任务活动评价表与单元评价集星换取学校评价系统中的"小思"徽章两个形式呈现,这里要作说明的是评价载体选用了学校吉祥物"小未"和"小来",吉祥物的身影在"萌心家国歌舞秀"的评价中结合"小未和小来"带领学生参与音乐活动,提升学习自信,激发学生对家国题材的音乐文化学习的热情,使学生明确学习的目标与自我成长的进步变化。

(二)评价形式

1. 成长集章卡(单元评价)

学生参与本课程每节课的学习,在每单元学习结束时根据不同的学习内容与学习要求,以学生自评、同伴互评和教师评价相结合的形式获得相应的小思徽章,获得相应的经历记录。评价工具表样例(第一单元阶段性评价)见表 5-2。

表 5-2　评价工具表样例(第一单元阶段性评价)

学习任务	学习成果(章)	自评集星	互评集星	师评集星	对应小思徽章
我能感受家国心	1. 愿意静心倾听、参与活动; 2. 愿意交流合作、创新审美	☆☆☆ ☆☆☆	☆☆☆ ☆☆☆	☆☆☆ ☆☆☆	"爱乐之行"章 15~18☆优秀 10~14☆良好 06~09☆合格 01~04☆须努力
我愿表现家国情	1. 了解家国情怀,并能欣赏与喜欢教材中相关主题的作品; 2. 能认真学习表演歌曲的方法并主动练习和修正; 3. 能用正确的姿态,恰当的歌舞表演来演绎歌曲乐曲	☆☆☆ ☆☆☆ ☆☆☆	☆☆☆ ☆☆☆ ☆☆☆	☆☆☆ ☆☆☆ ☆☆☆	"表演达人"章 15~18☆优秀 10~14☆良好 06~09☆合格 01~04☆须努力

续表

学习任务	学习成果（章）	自评集星	互评集星	师评集星	对应小思徽章
我会传承家国情	1. 能认真参与编创歌舞剧；	☆☆☆	☆☆☆	☆☆☆	"品乐之心"章 "集思广益"章 "未来音乐家"章 15~18☆优秀 10~14☆良好 06~09☆合格 01~04☆须努力
	2. 能在编创歌舞剧过程中乐于听取同伴的建议并相互配合；	☆☆☆	☆☆☆	☆☆☆	
	3. 能比较完整地形成小组综合创造活动	☆☆☆	☆☆☆	☆☆☆	

奖励兑换：
集齐 5 枚五星章获得歌舞秀第 1 排或优先选择观摩位；
集齐 5 枚四星章获得歌舞秀第 2~4 排观摩位置；
集齐 5 枚三星章获得歌舞秀第 6~9 排观摩位置；
5 枚都是二星章获得歌舞秀场务职位，配合集体完成表演

2. 学习档案

通过学生喜爱的作品记一记，表演体会写一写等过程性资料积累，以学习档案的方式阶段性检验与评价学习的效果，起到自我了解与自我激励作用。学习档案表样例见表 5-3。

表 5-3　学习档案表样例

我喜爱的作品	三年级	四年级	五年级
我喜欢的爱国歌曲			
我准确熟练唱的爱国歌曲			
我编创小型歌舞剧的体会			

五、项目样张

主题活动项目资源作为项目目标实现的重要载体之一,对整个项目实施及目标达成有着举足轻重的作用。"萌心家国歌舞秀"活动样张的设计也是课堂活动资源的设计。以学习驱动任务单和相关资源辅助音乐课堂中歌唱活动为主要线索,设计者基于课程总目标与活动单元框架内容,挖掘义务教育音乐课程教材中的部分歌唱作品,合理开发与合唱相关联的语文课文资源,其中包含了大部分教与学所需的演唱谱例、影音资料、活动任务等,在主题活动实施中供其他音乐教师在课堂活动中共享使用。也可作为语文、道德与法治、德育和少先队课程的辅助学材,以下是课程样张的简要介绍。

(一) 样张版面设计

"萌心家国歌舞秀"项目样张的版面设计主要以学校吉祥物"小未"和"小来"带领学生走进家国情怀主题作品,借助历史介绍,富有童趣小任务激发学生学习兴趣,同时将单元板块中的"听""学""演"对应设计为"时光音乐厅""音乐练习室""创作乐园",并编创了较多符合小学阶段学生认知特点的音乐游戏与活动练习。其中"时光音乐厅"和"音乐练习室"课程样张分别如图 5-5 和图 5-6 所示。

(二) 样张呈现形式

活动项目样张以电子版与纸质版相结合的方式呈现,在其功能性上,本课程为凸显信息化赋能活动,在样张中加入二维码"扫一扫"功能(见图 5-7),给予学生在课后反复欣赏、互动学习、巩固练习、网络参观等交互式学习体验,提升其探索学习精神与自主学习能力。

时光音乐厅

康宝你好,欢迎你走进时光音乐厅,你知道国歌的来历吗?国歌的原名是《义勇军进行曲》,它是一经上映就场场爆满还引得全场观众共同高歌的一首电影歌曲,抗日名将张学良先生曾说:"我们要唱着义勇军进行曲去收复失地,重整河山!"

请扫码看看《义勇军进行曲》创作背后的故事吧。

同学们,仔细看,并完成将时间线上填空。

《义勇军进行曲》的诞生

风云儿女拍摄现场留影　　　　　聂耳(左)　田汉(右)

- 1931年:九一八事件爆发 电影圈宣传抗日呼声高涨
- 1932-1933:作家_____受邀创作抗战故事,后由夏衍导演影片拍摄成《风云儿女》。
- 1934:夏衍等文艺工作者进驻上海,成立电影小组并建立拍摄基地:电通影业公司。
- 1935年:2月田汉因宣传抗日被捕。3月_____主动要求为电影谱曲,4月底完成《义勇军进行曲》定稿。

演唱提示:
国歌是民族自尊之象征,庄重立正字铿锵,三次"起来"要渐强。

图 5-5 "时光音乐厅"课程样张

第五章　萌心家国歌舞秀　　　　　　　　　　　　　　　147

音乐练习室

瞧，小未和小米手拉着手，合着《我和我的祖国》$\frac{6}{8}$拍的舞蹈来到我们面前，你是不是也迫不及待想要加入表演的队伍啦？别急，他们有很宝贵的建议哦！

1. 假如你想跳舞，那就尝试在节拍图下方画火柴人，为$\frac{6}{8}$拍的强拍和次强，排演分别设计两个集体律动动作。

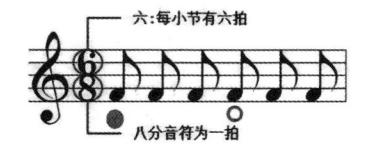

六：每小节有六拍

八分音符为一拍

2. 也可以利用作曲软件，在适当的位置添加声部丰富效果，并和你的小组内的搭档试试看。

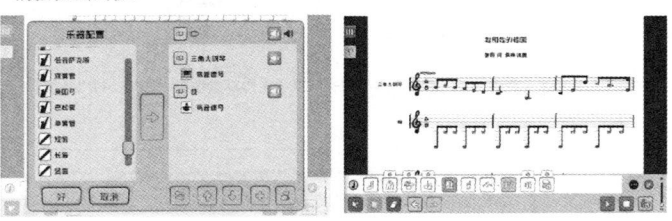

图 5-6　"音乐练习室"课程样张

创作乐园

同学们,我们曾在语文书本上了解过的许多值得敬佩和学习的伟大英雄人物的真实故事,你们选择为哪篇课文设计歌舞剧微剧本呢?挑战:在故事表演中添加一段由教材歌曲或音乐改编的表演!

课本篇目名称:_____

选用歌曲名称:_____

创编角度:　□旋律　□填词

表演形式:　□舞蹈　□歌唱

微信扫码,请选择合适的家国歌曲。

亲爱的同学:要创编歌舞剧,我们需要用到下面这些助手。

选择一项你最有兴趣的创作角度,如创编剧本音乐、录制剧本歌曲、设计表演走位、模拟情节音效、拍摄制作视频等等,独立或合作完成均可。

□ 音乐制作类　　　　　　　　　□ 舞台设计类

　　　随身乐队　　库乐队　　　　　　Choreographic

□ 歌曲录制　　　　　　　　　　□ 视频制作类

　　　全民 K 歌　　唱吧　　　　　　剪映

温馨提示:本次歌舞剧表演,所用工具软件不局限于老师以上推荐,也可以利用其他软件大胆创新。

请写写你的创作成果或心得:

图 5-7　样张中的二维码"扫一扫"功能

第三节 单元活动设计

本活动单元的设计是围绕现阶段小学音乐和语文教材作品相关主题共同培养审美情趣和情感志向,将两门学科的内容组成一个有意义的单元,帮助学生形成关键品格和语文、音乐实践能力的有效途径之一。通过前期精心规划项目逻辑,推敲设计活动样张,整个活动框架已初步形成。在具体投入实施前,教师还需要制定各单元的实施方案。

"萌心家国歌舞秀"活动项目共设置3个年级的活动内容,作为整个项目活动的下位分解,又为了与每一单元活动保持紧密联系,课程设计者将"艺术审美感知"与"艺术表现"贯穿每个单元,以歌唱与综合表演相结合的小型歌舞剧作为素养导向的活动主线,并在单元实施方案中得以体现,具体表现为各单元活动组织内容的递进性与活动内容安排的融合性。以下仅呈现本课程第三单元"创演小型歌舞剧《为中华之崛起而读书》"的具体实施方案。

一、活动内容

创演小型歌舞剧《为中华之崛起而读书》活动内容见表5-4。

表 5-4 创演小型歌舞剧《为中华之崛起而读书》活动内容

第三单元 创演小型歌舞剧 《为中华之崛起而读书》	任务一:设计歌舞剧 1. 改编课文,创作唱段; 2. 情境台词,音乐音效
	任务二:设计音乐和舞蹈 1. 台词与音乐结合; 2. 舞蹈与音乐结合; 3. 台词、舞蹈、音乐三者结合
	任务三:展示剧本演出 1. 分组展示; 2. 完成互评和反思总结

二、年级学情分析

年级学情分析见表 5-5。

表 5-5　年级学情分析

分析维度	分析要素	程度评估(打√)				
		具备	良好	一般	欠缺	不具备
知识与技能	☑认知基础			√		
	☑技能水平		√			
过程与方法	☑方法积累		√			
	☑习惯养成		√			
情感态度与价值观	☑情意发展			√		
	☑协同能力			√		
学习难点预设	【认知基础】学生对歌曲的整体音响已经形成熟悉的认知,能够准确地演唱词曲,但是对歌曲的文化内涵理解还不够深刻,因此演唱时的表情达意方面还有所欠缺 【技能水平】学生在前四年的学习中,掌握了一定音乐常识,但是在依词填曲的方面还需要老师指导 【方法积累】在依据歌曲开展即兴歌表演方面学生具有初步的经验,但是在选曲编词表达故事情境和情绪特征方面还需要老师持续指导 【习惯养成】通过前期的音乐学习,学生已初步养成静心聆听音乐要素的良好习惯,形成比较统一的演唱音色和气口、音量等,符合标记要求的演唱方式,并在小组讨论和合作活动中逐步建立了基于倾听、理性表达的基本能力 【情意发展】在歌曲学习过程中,学生通过了解教材家国主题的作品历史背景、作曲家的创作经历等,对家国情怀类教材歌曲乐曲萌发初步的敬畏之心,但不够深刻 【协同能力】学生对音乐合作的倾听配合上需要持续培养					

三、教材分析

教材内容和学科主题内容分别见表 5-6 和表 5-7。

第五章　萌心家国歌舞秀

表 5-6　教材内容

单元名称	深深的祝福	年级/学期	五年级第一学期	课时规划	6—7 课时
教材内容	听		唱	活动与创造	其他
	☑歌曲《我和我的祖国》 ☑妈妈教我一支歌		☑歌曲《祝福祖国》 ☑雨花石	☑即兴律动舞蹈 情境与对话即兴对话表演	☑补充歌曲《海滨音诗》 ☑《爱我中华》

表 5-7　学科主题内容

课程实践领域	学科主题内容			学习水平	课时配比
	一级主题	二级主题	内容要素		
音乐欣赏与感受	1. 音乐感受的基础知识	☐ 1.1 音乐表现要素	☑①节拍 ☑②速度 ☑③力度 ☑④旋律 ☐⑤音色	☑A ☐B ☐C	10%
		☑ 1.2 音乐体裁与风格	☑①声乐作品体裁 ☑②器乐作品体裁 ☐③中国地方戏曲	☑A ☐B ☐C	
	2. 音乐欣赏的基本内容	☑ 2.1 音乐的主题	☑①单一的主题 ☑②主题的重复 ☑③主题的变化	☑A ☐B ☐C	10%
		☑ 2.2 音乐情感和形象	☑①音乐的情绪及其变化 ☑②音乐的形象与情景	☑A ☐B ☐C	
		☑ 2.3 音乐相关文化	☑①作品的文化与创作背景 ☑②音乐家生平及代表作 ☐③中国地方戏曲相关知识	☑A ☐B ☐C	

续表

课程实践领域	学科主题内容			学习水平			课时配比
	一级主题	二级主题	内容要素				
音乐表现	3. 音乐表演的基本技能	☑ 3.1 识读乐谱	☐①音符与休止符的时值 ☑②调内相对的音高 ☑③调内相对的音高	☐A	☑B	☐C	10%
		☑ 3.2 演唱	☑①齐唱 ☑②轮唱 ☐③合唱	☐A	☑B	☐C	10%
		☑ 3.3 演奏	☐①课堂常用打击乐器 ☐②课堂常用固定音高乐器 ☑③音乐软件	☐A	☑B	☐C	10%
		☑ 3.4 律动	☐①体验性律动 ☑②表现性律动	☐A	☑B	☐C	10%
		☑ 3.5 舞蹈	☐①舞蹈基本动作 ☐②舞蹈简单组合	☐A	☑B	☐C	
	4. 音乐表演的综合技能	☑ 4.1 歌表演	☐①模仿性歌表演 ☐②理解性歌表演	☐A	☐B	☑C	
		☑ 4.2 综合表演	☐①单个作品形象性综合表演 ☐②多个作品主题性综合表演	☐A	☐B	☑C	
音乐创造	5. 即兴创造	☐ 5.1 探索音响	☐①音的强弱 ☐②音的长短 ☐③音的高低	☐A	☐B	☑C	
		☑ 5.2 即兴编创	☐①节奏问答 ☐②旋律问答 ☑③即兴伴奏 ☑④即兴表演	☐A	☐B	☑C	
	6. 音乐创造	☑ 6.1 编配伴奏	☑①打击乐器伴奏 ☐②固定音高乐器伴奏	☐A	☐B	☑C	
		☑ 6.2 探索音响	☑①旋律填空 ☐②旋律扩展	☐A	☐B	☑C	
		☑ 6.3 综合创演	☐①创作音响小品 ☑②创造性综合表演	☐A	☐B	☑C	

四、单元活动目标

(1) 运用已经学过的有家国情怀的歌曲,为课文《为中华之崛起而读书》改编的小型歌舞剧设计音乐和舞蹈段落。

(2) 学生能通过合作编排节目和相互赏析交流的过程,掌握歌舞剧综合表演的基本过程方法,与同伴分工合作,根据规则要求编创符合本单元歌曲的小型歌舞剧,并开展符合故事剧情发展的展示,接纳评价反馈并改进。

(3) 能体会家国情怀的伟大与可贵,促进萌发初步的爱国情结。

五、活动实施安排

活动实施安排见表 5-8。

表 5-8 活动实施安排

课时	活动内容	拓展、编创及评价
第一课时	欣赏《我和我的祖国》	设计律动舞蹈、音乐软件伴奏编创
第二课时	学唱《祝福祖国》	律动舞蹈编创,音乐软件伴奏编创
第三课时	欣赏《妈妈教我一支歌》	了解党的伟大历程,设计舞台队形变化
第四课时	学唱《雨花石》	学习软件和弦伴奏
第五课时	根据语文课文《为中华之崛起而读书》分组分段改编剧本,确定情景音效	设计剧本及音效;配合音效对台词表演
第六课时	设计剧情中的歌舞段落	根据教师资源包选择合适的音乐段落和舞蹈段落
第七课时	展示并录制表演,完成单元评价	小思评价系统完成单元评价

六、活动评价

活动评价维度及指标见表 5-9。

表 5-9 活动评价维度及指标

评价维度	评价指标
我爱唱	1. 喜欢充满家国情怀的歌曲; 2. 有感情并自然地演绎好家国情怀的歌曲; 3. 能认真倾听作品的历史背景、音乐家的创作故事等相关文化知识
我会演	1. 愿意模仿示范,用统一和谐的速度和声音演奏; 2. 愿意用舞蹈、朗诵或其他多种形式来演绎家国情怀的歌曲
我能合作	1. 认可家国情怀象征团结和凝聚,并做到倾听和跟随; 2. 认可家国情怀象征团结和凝聚,能做到组织和建议
我敢编创	1. 能在编创前明确要求,听清规则; 2. 能够根据规则、依照方法大胆创新并展示

第四节　典型实践案例

一、教学设计

【活动内容】

1. 活动名称

创演小型歌舞剧《为中华之崛起而读书》。

2. 活动类型

体验性活动。

3. 任务名称

任务二:设计剧本《为中华之崛起而读书》音乐与舞蹈。

4. 学习水平

学习水平为 C 级。

【活动目标】

1. 达成性目标

选择合适的歌曲旋律片段,开展符合叙事情节的歌词改编,并能用统一的速度和有控制的声音演唱改编后的歌曲片段。

2. 达成性目标

结合教师或舞蹈资源提示,完成舞台动作与舞蹈设计。并用统一的速度,有控制的形体动作开展配合剧情的舞蹈和律动。

3. 发展性目标

结合对家国情怀类歌曲的整体体验,能和同伴在交流和讨论中体会合作编创的不易与收获。同时,通过歌舞剧的实践对伟大领袖立志报国的责任与担当萌生崇敬和向往。

【活动重点与难点】

1. 活动重点

(1) 抓取剧情关键段落,选择合适的歌曲旋律片段,并能即兴改编歌词。

(2) 伴随改编后的歌词进行动作的编创。

2. 活动难点

(1) 歌词改编的适配性。

(2) 动作编创的适配性。

【活动单】

《为中华之崛起而读书》表演设计书(学生)见表 5-10。

表 5-10 《为中华之崛起而读书》表演设计书(学生)

编创方向	歌词改编□　　舞蹈编创□　　配乐编创□　　音效编创□
编创片段	(请在此框中列入编创的剧情片段)
编创内容或说明	
设计成员组	

【活动评价】

评价环节的内容及要点见表5-11。

表5-11 评价环节的内容及要点

评价环节	评价内容	评价要点	目标指向
歌词编创	依据情节选择合适的旋律片段改编歌词,并具有初步的歌唱性。	① 能否迅速选出合适的旋律片段。 ② 编创歌词是否能贴合剧情需要。	目标1 目标3
动作舞蹈编创	依据情节编创适当的舞台动作,具有初步的舞蹈感。	① 身体动作有没有表现事件人物的情感状态。	目标2 目标3

【教学准备】

电脑多媒体、教师、学生平板电脑(含文档编辑软件、网盘功能、编曲软件)。

【活动流程与结构】

(1)在同学们已经改编完成的课文剧本中,哪些是适合用歌舞表演来加强情绪的关键部分?

(2)能否改编成符合剧情的唱段或加入适合的背景音效?

(3)改编好的演唱片段或者还有哪些地方适合加上舞台舞蹈?

【活动过程设计】

1. 研究剧本范例

默读并研究前一课时完成的《为中华之崛起而读书》剧本范例(见表5-12)。关键设问:剧情中着重突出人物内心情绪的句段有哪些?

(1)默读感受改编完成的剧本,分辨人物情绪的剧情、想象其画面。

(2)找出着重刻画内心的情绪片段或句子,在剧本文稿上画线标记。

第五章 萌心家国歌舞秀

表 5-12 前一课由学生改编、师生整理的剧本范本

剧　　　本	创意表演旁注
剧本名：《为中华之崛起而读书》 剧中人物： 第一幕：周恩来、伯父、车站来往的行人 第二幕：周恩来、玩伴小朋友、可怜的女人、洋人、民国警察、围观百姓 第三幕：魏校长、周恩来、同学1、同学2、同学3	【本栏内可添加与剧情和人物情感相关的歌、舞、配乐音效等创意金点子。】
第一幕　沈阳大街上 沈阳车站门口，人群来来往往。 伯父："恩来，快醒醒，我们到了。" 迷迷糊糊醒来的周恩来："嗯～好的。" 伯父："来，拿上行礼。我们走吧。" 周恩来接过行礼和伯父一起走下火车，好奇地看看这里，看看那里："伯父，沈阳真大，我看那边有好多外国人，我能过去那边玩吗？" 伯父："恩来，那边是租界，我们中国人不能去。" 周恩来吃惊地问："不能去？为什么？" 伯父："是啊，主要是租界是洋人的地方，别说没事不能去，就是有事也要绕着走，惹出什么麻烦来，没处去说理。""这是为什么呢？"伯父："哎，中华不振呐——" 周恩来迷茫地愣在原地："中华不振？"	例1： 情绪：疑惑迷茫 编创：改编歌词《我的家园》 新编歌词：中华不振，中华不振，为什么？为什么？这是我家园。
第二幕 周恩来和小伙伴偷溜进了租界。 看见一个可怜的女人正拽着一个洋人边哭边喊："谁能帮帮我，我的丈夫被这个洋人开车撞死了！" 围观群众纷纷走来："怎么回事啊？" 洋人："撞人，我怎么不知道我撞过人，你有什么证据说是我撞的？" 可怜的女人："哎，你怎么不承认呢！警察先生请您快来说说理呀！" 警察快步走向洋人，小声嘀咕了几句，才慢悠悠走近女人："你这女人，不要无理取闹，我已经调查过了，这件事情和这位先生没有关系，是你家男人走路不长眼，不能赖别人！" 可怜的女人震惊过后怒不可遏地盯着："你们……你们这群混蛋！" 洋人拍拍被女人拉过的衣袖，头也不回地走了。 警察："还不快走，不然就治你扰治安罪！"	

剧　　　本	创意表演旁注
围观群众愤愤不平却也无奈地劝慰女人："快走吧，不然你还要吃苦头呢。" 周恩来握紧拳头："中！华！不！振！" 　　　　　　第三幕　新学年的校园 沈阳东关模范学校的修身课上，魏校长问："同学们，你们为什么而读书？" 同学1："为家父而读书。" 同学2："为明理而读书。" 同学3："为光耀门楣而读书。" 魏校长的提问打开了大家的话匣子，只有周恩来若有所思地坐在那里。 魏校长发现了沉默不语的周恩来，他朝大家打了个安静的手势，点名道："周恩来，你说说。" 周恩来站了起来，清晰而坚定地回答说："为中华之崛起而读书！" 魏校长为之一振："你再说一遍，为什么而读书？" 周恩来："为中华之崛起而读书！" 魏校长连声赞叹："好啊！为中华之崛起，有志者当效此生！"	

> **活动意图说明**
>
> 1. 学习要点
>
> 运用语文学科的阅读理解能力辨别人物内心情绪变化，画出要点部分。
>
> 2. 评价要点
>
> 是否正确找到突出人物内心情绪变化的句段。

2. 改编歌词

（1）按照剧情的逻辑发展，选择旋律片段，尝试编创歌词。关键设问：能否为这些人物内心情感，选择合适旋律片段改编歌词？教师提供家国情怀的歌（乐）曲曲目单（见表5-13）及音响资料包。

第五章 萌心家国歌舞秀

表 5-13　家国情怀的歌(乐)曲曲目单

序号	已学教材歌曲	补充教材歌曲 (本列作品选自人教版教材)
1	中华人民共和国国歌	《颂祖国》
2	《只怕不抵抗》	《共产儿童团歌》
3	《中国少年先锋队队歌》	《洪湖水浪打浪》
4	《在那桃花盛开的地方》	《都有一颗红亮的心》
5	《我的家园》	《红旗颂》
6	《少年中国梦》	《芦沟谣》
7	《雨花石》	《歌唱二小放牛郎》
8	《歌唱祖国》	《嘎达梅林》
9	《我和我的祖国》	《我是一个中国人》
10	《长城谣》	

3. 完成歌舞表演设计书

(1) 选择教材家国主题歌单中适配的主题旋律片段,标注在剧本的歌舞表演旁注处。

(2) 分组设计歌词改编与舞蹈律动,完成表演设计书,并做好剧本标注。

> **活动意图说明**
>
> 1. 学习要点
>
> 根据教师提供的家国音乐的音乐素材,找出匹配人物和剧情发展的歌曲旋律。
>
> 2. 评价要点
>
> 能否找到情绪相近的已学的家国情怀歌乐曲表现以上人物情绪。

4. 编创剧情舞蹈表演

发现剧本适合运用齐舞表现情节的片段,观看和学习教师视频素材,模仿并编创剧情舞蹈表演。

5. 交流与评价

分组展示歌舞表演设计书。教师点评,学生自评。课时评价表样例见表 5-14。

表 5-14 课时评价表样例

评 价	对应"小思徽章"	自 评	师 评
能积极参与编创与交流,跟从并配合完成小组合作	集思广益	☆☆☆☆☆	☆☆☆☆☆
能提出符合歌曲韵律特点的演出设计或创意	未来音乐家	☆☆☆☆☆	☆☆☆☆☆
能与同学合作表演设计成果	表演达人	☆☆☆☆☆	☆☆☆☆☆

二、教学反思

本课程设计的初衷是突破传统音乐课,打破学科壁垒,调动学生自主学习,以及培养学生调控能力、创新能力、合作能力和沟通能力,如前文这一个课例中,学生就用到了语言组织能力进行语音文档编辑;运用语文阅读能力,找出突出强烈内心情感的句段并标注。运用音乐记忆和听辨能力,选取适合表现剧情的歌曲旋律;运用模仿和想象创造,创新设计歌舞表演,通过调控、沟通与合作最后能合力完成一个初步的作品。但在实际操作中,也面临更多新挑战,具体如下。

(一)师生对数字手段使用的多样化不适应

歌舞秀的综合性和复杂性使其具有较高的编创难度,在本活动课程中,数字化手段可谓一课一变,甚至是一环一变。比如,编创剧

第五章 萌心家国歌舞秀　　　　　　　　　　161

情使用文档编辑软件，旋律选用音乐编辑软件，填写歌词则需要使用图片编辑功能，这使得师生需要迅速地适应新学习工具和技术，并熟练运用它们，才能让编创活动高效高质量。而作为初次尝试跨学科综合实践的我们来说，难免会在实际应用数字技术的过程中遭遇系统不兼容，设备不响应等种种问题。比如，某动态乐谱软件实现了乐谱的卡通动态化，十分适合小学生理解乐谱，但目前它与西沃设备并不相互兼容，暂时需要教师提前录频实现动态可见。动态乐谱样例如图 5-8 所示。

图 5-8　动态乐谱样例

(二) 师生对跨学科编创角度的多元化不适应

过去音乐课堂的编创领域局限于短小的节奏和旋律编创,本课程的综合编创更富有创造力更多元。比如,过去舞蹈动作的编创仅限于对歌词理解和节拍韵律的表现,而本课程设计已经需要体现人物个性内心随着剧情不断变化而呈现流程的表达,也就是学生肢体动作编创,需要表情、动作和情感的多方统一,这全面考验了教师自身的基本功和素养以及课堂观察和组织能力。需要教师和学生共同进步。

(三) 评价精准设计与高效落实

本课程的评价系统与学校评价系统实现对接,学期末则以评价相册样式呈现给学生及家长,体现了全面性,然而实际课堂实践的时间十分宝贵,在 40 人以上的班级中,过程性评价和成果性评价需要教师在关键时间点,用最迅速的方式开展点评,才能留下全面的评价。班级课堂评价示例如图 5-9 所示。

图 5-9 班级课堂评价示例

尽管萌心家国歌舞秀的跨学科活动目前仅呈现了雏形,没有达到教师预期中的审美水准。但值得庆幸的是,学生对跨学科活动表现出极大的热情,不仅成功发动了更多人参与课程歌舞编创的积极性,更促使学生通过亲身实践深刻体会了中华民族在危难岁月的顽强不息的宝贵精神文化。相信随着教育技术的不断发展,教学研究的不断深入和教学方式的不断改善。跨学科与数字技术终究会让高质量的教学和学生的全面素养培养发挥更积极的促进作用。

参考文献

[1] 宗白华.美学散步[M].上海:上海人民出版社,2016.

[2] 周良霄.元史[M].上海:上海人民出版社,2019.

[3] 居其宏.中国歌剧分类及相关史论命题辨析[J].音乐研究.2023.5(3):137—144.

[4] 董建,马俊山.戏剧艺术十五讲(修订版)[M].北京:北京大学出版社,2012.

[5] 朱光潜.思想就是使用语言[J].哲学研究.1989(1).

[6] 卡特,C. L. 安静译.跨界:美学进入艺术[M].郑州:河南大学出版社,2019.

[7] 安静.从符号建构通向舞蹈哲学:卡特舞蹈美学思想初论[J].北京舞蹈学院学报.2021:64—71.

第六章　乘数字技术之翼，探音乐体验之境

——借助数字化教学模式进行深度音乐体验

教师简介：

沈歆韵，上海市徐汇区求知小学一级教师，教龄6年。曾获"高一杯"职初期教师教学基本功邀请赛音乐学科三等奖，指导学生参加徐汇区学生合唱节小学组二等奖，指导学生参加徐汇区学生艺术单项比赛一等奖。

第六章　乘数字技术之翼,探音乐体验之境

《义务教育艺术课程标准(2022年版)》(以下简称《艺术课程标准》)倡导培养学生在真实情境中综合运用知识解决问题的能力,注重加强知行合一、学思结合,倡导做中学、用中学、创中学,强调开展主体化项目式学习等综合性的教学活动,促进学生举一反三,融会贯通,努力探索新技术背景下学习环境与方式的变革,落实素养导向、学科实践、综合学习、因材施教的教学改革要求。

在数字化浪潮席卷全球的今天,为了进一步提升音乐教育的广度与深度,有必要将"单一内容"的教学模式转化为"跨学科广泛联系"的教学模式。这意味着,在尊重音乐学科自身独特性的基础上,我们应勇于打破学科壁垒,将音乐与文学、历史、科学、美术等多个领域进行有机融合。通过跨学科的学习与实践,学生不仅能够更加全面地理解音乐作品的背景与内涵,还能培养他们的综合素养与创新能力。

教育数字化的核心在于将软件技术与音乐教学深度融合,不仅提升教学质量,更激发学生的创意与实践能力。通过构建跨学科联系,拓宽学生视野,促进学生对审美与文化的深层次理解。因此,教育数字化支持下的小学音乐跨学科教学设计,不仅是时代发展的必然产物,更是提升音乐教育质量、促进学生全面发展的有效途径。以技术赋能、艺术教学创新,推进育人方式转变,是我们需要研究的重要课题。

第一节　项目构建

一、项目设计意图

音乐是一门综合性很强的学科，《艺术课程标准》提出要培养学生的审美感知、文化理解、艺术表现及创意实践素养。

"通感"是指人们审美和艺术活动的重要表现方式。朱智贤的《心理学大词典》中说道："通感，亦称联觉。从文学、艺术的角度来说，是指彼此联系、相互感应的心理现象……"可见，通感为不同门类的艺术融合提供了合理的依据。音乐是听觉和情感的艺术，也是技能性很强的学科，以往的音乐课堂往往局限在音乐知识本身，如乐理知识、音乐技能等，而跨学科的综合课程正好能够消除不同学科之间的知识界限。实现各学科发挥协同育人的作用。

针对信息技术在音乐教学中的应用，传统课堂往往局限于简单的听音乐、观看视频等表面形式。为了深入挖掘音乐教学的核心与音乐学科的独特魅力，并推动信息技术在音乐课堂中的应用从单一走向全面深入体验，笔者特在三至五年级间展开了信息技术与音乐学科的融合教学实践，旨在探索更为有效的教学路径、深度融合的探索模式，以落实音乐核心素养的培育。

二、项目实施框架

（一）项目背景分析

教育数字化是指利用信息技术和互联网手段，对传统教育模式进行深度改革，实现教学内容、教学方法、教学资源的数字化和网络化，以提高教学效率、提供更广泛的学习机会和优化教育质量。

第六章　乘数字技术之翼,探音乐体验之境

在音乐教育的探索之路上,深入挖掘数字化技术资源与教材内容的契合点,以技术为翼,内容为本,才能共同驱动音乐教学的创新与突破。这意味着,我们不仅要关注技术资源的先进性与实用性,更要关注其与音乐教材内容的内在联系,确保两者能够相辅相成,实现培育学生的创意思维、丰富艺术表现、促进审美与文化理解的目标。打破传统音乐教学的局限性,让音乐课堂焕发出前所未有的生机与活力。

(二) 项目总目标及内容

1. 数字化审美体验,丰富学生多感官体验

《艺术课程标准》的课程实施要求中提到:学习情境要具有开放性,数字化情境教学要引导学生感受真实生活,激发学生积极情绪,获得审美体验。以四年级《天鹅》为例,数字化情景教学目标如下:

(1) 通过虚拟乐器库中的乐器音色,了解多种乐器的音色特点,感受乐器音色所表现的音乐情境,理解乐曲的不同风格特点,逐步培养音乐审美能力。

(2) 通过视听结合、音画结合模拟旋律线条起伏,帮助学生体会作品所表现的人物形象及情感,提升学生对音乐的审美感知与文化理解。

(3) 通过 AI 手段,了解作品背景、作曲家创作时代背景等,深入作品内涵,增强学生情感理解。

2. 数字化创意实践,激发学生个性灵感

《义务教育课程方案(2022 年版)》(以下简称《课程方案》)中提到,新技术背景下教师要积极探索数字化赋能学习环境与育人方式的变革。以三年级《黄昏》为例,教学目标如下:

（1）通过苹果系统"库乐队"中的"智能鼓"或"节拍音序器"，模拟有强有弱的打击乐器音效，感受歌曲节拍韵律。

（2）通过安卓系统"随身乐队"中的"对弹模式"，感受二部轮唱，并解决二部轮唱中所出现的音准、音量控制等学习难点。

（3）通过"多轨录音"，编创简单的音型，为歌曲伴奏。

3. 数字化评价机制，促进师生有效交流

《艺术课程方案》强调："体现艺术学习特点，优化评价机制"，"重视艺术学习的过程性，基础性考核与评价"，"体现教学评一致性"。以五年级《彼得与狼》为例，教学目标如下：

（1）通过有趣且富有活力的实际操作，培养学生的自主学习意识与自主学习习惯。

（2）教材内容结构化、教学目标层级化，并将评价有机嵌入。

（3）聚焦于学科的核心素养，注重学生在学习历程中综合能力的发展以及学习态度的全面展现。

第二节　单元实施方案

一、单元概述

本单元将表现农村自由、快乐的生活的音乐作品进行合理组合，通过多种数字化音乐实践活动，让学生更直观感受到农村的自然风光、生活场景和情感，通过不同的音乐形象和音乐风格，了解不同民族、不同地区人们的生活，同时抒发对广阔、美丽田园的喜爱和赞美。依据本单元内容编排，以"乘数字技术之翼，探音乐体验之境"为探究任务的主题式学习，着重凸显对乐曲的欣赏、演唱的感受与体验。"乘数字技术之翼，探音乐体验之境"单元框架如

第六章 乘数字技术之翼,探音乐体验之境　　　　　169

图 6-1 所示。

```
            乘数字技术之翼,探音乐体验之境
          ┌──────────────┼──────────────┐
        三年级           四年级          五年级
          │              │              │
        《黄昏》        《天鹅》       《彼得与狼》
          │              │              │
    数字化创意实践,   数字化审美体验,   数字化评价机制,
    激发学生个性灵感  丰富学生多感官体验 促进师生有效交流
```

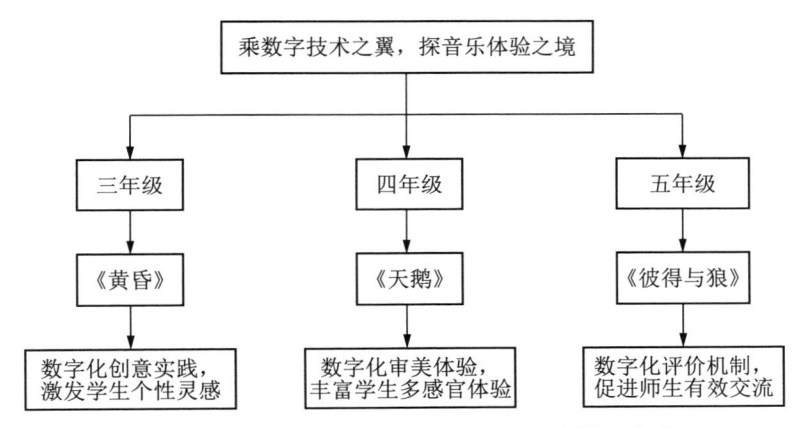

图 6-1　"乘数字技术之翼,探音乐体验之境"单元框架

二、单元教材分析

"乘数字技术之翼,探音乐体验之境"单元教材分析见表 6-1。

表 6-1　"乘数字技术之翼,探音乐体验之境"单元教材分析

单元作品名称	作品分析要素				
	音乐要素	音乐体裁与风格	音乐主题	音乐情感与形象	音乐相关文化
《天鹅》	• 本首乐曲是以 ABA′ 的形式,由单主题发展而成的三部曲式,主题旋律表现出优雅、纯洁、忧伤地游弋于湖面的天鹅形象; • 主奏乐器大提琴以浑厚、丰满的音色,表现出天鹅高贵、优雅的音乐形象。钢琴的音色以及演奏的琶音织体表现了波光粼粼的湖面; • 了解法国作曲家圣桑				
《黄昏》	• 《黄昏》是一首典型的三拍子欧美歌曲,展现出一个柔和美丽的欧美黄昏的景色; • 旋律优美抒情,歌谱也简单易识; • 轮唱的演唱形式让歌曲变得丰富多彩,更好地表现出欧美优美的风光				

续表

单元作品名称	作品分析要素				
	音乐要素	音乐体裁与风格	音乐主题	音乐情感与形象	音乐相关文化
《彼得与狼》	• 《彼得与狼》是苏联作曲家、钢琴家谢尔盖·普罗科菲耶夫创作的一部交响童话,是他的代表作之一; • 作曲家巧妙地利用各种乐器来描绘人物与动物的性格特征、行为动作以及情感表达,在音乐中,长笛、双簧管、单簧管、大管、弦乐四重奏、定音鼓以及大鼓所演奏出的独特而短小的旋律与音效,分别象征着小鸟、鸭子、猫、爷爷、少先队员彼得以及猎人的射击声等				
单元作品关联性特征分析	《天鹅》《彼得与狼》皆以器乐的表现形式,运用不同的演奏形式,具有形象性的旋律线条,表现不同动物的音乐形象; 《黄昏》与《天鹅》《彼得与狼》都表现自由、快乐的农村生活与美景,《黄昏》运用二部轮唱的演唱形式				

三、单元重点学习内容

"乘数字技术之翼,探音乐体验之境"单元重点学习内容见表 6-2。

表 6-2 "乘数字技术之翼,探音乐体验之境"单元重点学习内容

学习内容	学习要求		
	音乐感受与欣赏	音乐表现	音乐创造
《天鹅》	1. 感受主题旋律表现出的优雅、纯洁、忧伤的天鹅形象; 2. 听辨大提琴浑厚丰满的音色及钢琴表现的波光粼粼的湖面	1. 能在初步聆听乐曲后,听辨乐曲音乐情绪、节拍、速度; 2. 聆听乐曲与教师的引导,学生能够听辨乐曲结构与主题旋律	用动作模仿优雅忧伤的天鹅形象
《彼得与狼》	1. 感受乐曲中不同的乐器塑造的音乐形象; 2. 体验音乐中音色、旋律等要素在作品中的表现效果	可选择音乐中最为喜欢的片段进行主题模唱,可加入合适的打击乐器为乐曲伴奏	可分角色进行情景表演
《黄昏》	1. 感受歌曲抒情优美的情绪; 2. 知道轮唱的演唱形式及其含义,感受其音响效果	1. 在比较旋律异同的基础上视唱乐谱; 2. 伴随音乐的速度与节拍韵律用连贯的气息齐唱或轮唱歌曲	用合适的打击乐器为歌曲即兴伴奏

四、单元评价

(一) 前置性评价

前置性评价明确核心目标，确保评价活动紧密贴合学习和教学的整体进程。以单元的整体素养目标为基准，在教学开始之前，就将关键知识点进行详细拆分，并根据每个知识点的具体要求，确定相应的达成标准，从而制定出评价量表。这样一来，教学的各个环节都能有条不紊地逐步推进，确保教学目标的落实。前置性评价示例（四年级第一学期第三单元评价表）见表 6-3。

表 6-3 前置性评价示例（四年级第一学期第三单元评价表）

分析维度	分析要素	学习难点预设
知识与技能	□ 认知基础	学生对音乐的整体音响会有听觉的直觉反应并产生联想，但对音乐中的演奏（唱）形式，旋律变化，节奏形态所表现的音乐形象需要教师在指导中加以体验而得到感知
	□ 技能水平	学生能够基本正确演唱八分音符与前八后十六的音型，但用均衡的音量、固定的速度进行演唱，还需要教师持续的指导
过程与方法	□ 方法积累	对于运用肢体动作、带节奏朗读歌词、视唱歌谱、为歌曲配打击乐器等学习方法表达音乐，学生有初步的打击经验，但如何运用这些方法正确表现音乐特征需要教师进行指导
	□ 习惯养成	对于关注音乐要素、演唱方法、音乐表现形式，是整个学段需要持续培养的
情感、态度与价值观	□ 情意发展	《美丽的村庄》通过标题性的音乐，引发学生的想象，但是学生对音乐旋律、音乐符号、演唱形式还需要教师进一步指导
	□ 协同能力	学生懂得用均衡的音量去演唱、演奏，但协同表达以及创造中的参与程度和互相配合需要教师持续指导

(二) 嵌入式评价

评价应当融入整个教学流程之中，确保评价能够准确反映既定标准，从而使学生的学习过程变得可见可感，清晰地展示出学生的学习成果。这样做有助于增强学生的自我反思能力,提升学习效果,并最终促进核心素养的全面融合发展。嵌入式评价示例(《天鹅》学习单)见表 6-4。

表 6-4 嵌入式评价示例(《天鹅》学习单)

评价环节	评价内容	评价要点
任务一:感受乐曲情绪	通过视听结合、音画结合模拟旋律线条起伏,感受乐曲柔和的音乐气氛	结合旋律,能说出天鹅所表现的高贵优雅的音乐形象
任务二:听辨乐器音色特点	通过虚拟乐器库中的乐器音色,感受大提琴和钢琴的音色特点	听辨大提琴温婉柔和的音色,以及钢琴的音色琶音

(三)拓展型评价

鼓励学生通过自我评价或相互评价来分享学习体验,注重评价过程中多方主体的互动交流,以此增强学生的自信心,从而形成一个不断追求进步的良性循环。比如,《彼得与狼》课时作业,按照"基础—实践—探究"的层次分别设计了"我会听""我会讲""我会演"三个栏目的评价量表,见表 6-5,通过多样化的审美实践活动,提升学生的艺术表现力和文化自信,培养学生的核心素养。

表 6-5 拓展型评价示例(《彼得与狼》课时作业)

自选项目	评价标准	自评	互评	师评
我会听	准确连线乐器名称与乐器图片			
	准确连线乐器音色与乐器图片			
	准确联系乐器音色与人物形象			
我会讲	用不同图形画出角色出现的顺序			
	编创故事,讲述生动有趣、准确			
我会演	分小组表演故事情节,演绎生动			
	根据表演情节加入合适的虚拟乐器音色			

第三节　典型实践案例

一、《黄昏》教学设计

【课题】

三年级第二学期第五单元《黄昏》。

【教学目标】

(1) 复习巩固歌曲《黄昏》。

(2) 探索随声乐队的音色库，使用不同音色表现欧洲小镇的黄昏美景，并唱准二部轮唱的音高位置。

(3) 尝试探索二部轮唱不同的呈现方式。

【教学重点与难点】

1. 重点

借助对弹模式唱准二部轮唱的音高位置。

2. 难点

借助对弹模式感受二部轮唱。

【教学类型】

创造性活动。

【教学环节】

第一步骤是复习导入；第二步骤是感受二部轮唱，尝试探索音乐库；第三步骤是随身乐队对弹模式的运用。《黄昏》教学环节如图6-2所示。

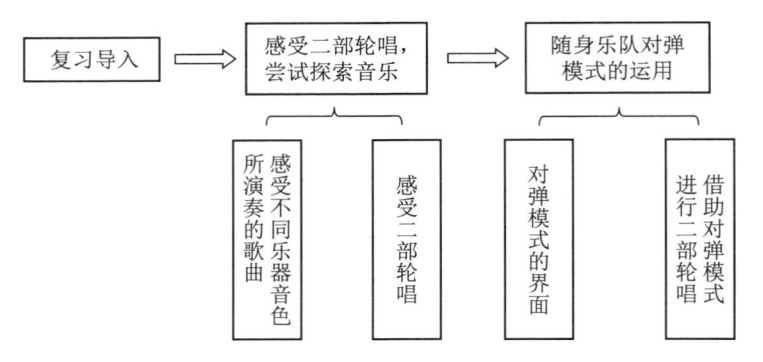

图 6-2 《黄昏》教学环节

【教学流程与结构】

（一）复习巩固随身乐队

1. 复习导入

复习歌曲《黄昏》，用歌声描绘出美丽的黄昏美景。

2. 复习随声乐队

关键设问：上节课我们还认识了哪位好朋友？

预设：随身乐队。

打开随声乐队边弹边唱。随身乐队键盘界面如图 6-3 所示。

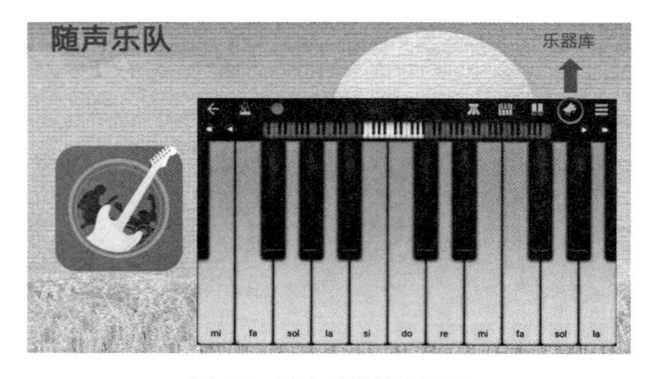

图 6-3 随身乐队键盘界面

(二)感受二部轮唱,尝试探索音乐库

1. 感受不同乐器音色所演奏的歌曲

关键设问:你们听听老师弹奏的《黄昏》,让你们仿佛看到了怎样的景色?

预设:教师弹奏的声音叮叮咚咚好像黄昏下风铃被风吹过的声音。

感受乐器音色:点击界面上方钢琴形状的按钮,找到屏幕上自己小组对应的乐器,分小组模仿出教堂回荡的钟声,感受不同乐器音色,分小组试一试弹一弹,选择最能体现美丽黄昏情景的乐器音色。分小组展示并进行小组互评。

预设1:他们小组用小提琴的音色表现黄昏下阳光洒满稻田的美景。

预设2:他们小组用竖琴的音色表现黄昏下微风徐徐,田野间的铃铛声久久回荡的景象。

全班一起用小提琴的音色边弹边唱。

2. 感受二部轮唱

感受轮唱特点:听一听和上节课的《黄昏》有什么不同?

预设:有两个声部,一前一后的形式进行演唱,好像回声一样。

名词解释"二部轮唱":是由许多人在一起演唱同一曲调的歌曲,各声部按一定的间隔先后出现,称为轮唱。我们听到的是由两个声部演唱的轮唱。

关键设问:让我们再次聆听,你能听出,两个声部之间间隔几小节?

预设:两个声部之间间隔6个小节。

(三)随身乐队对弹模式的运用

1. 对弹模式的界面

玩一玩对弹模式:借助随身乐队来帮助学习二部轮唱。点击屏

幕上方键盘形状的按钮，选择对弹模式，如图 6-4 所示。同学们弹一弹，交流感受与发现。

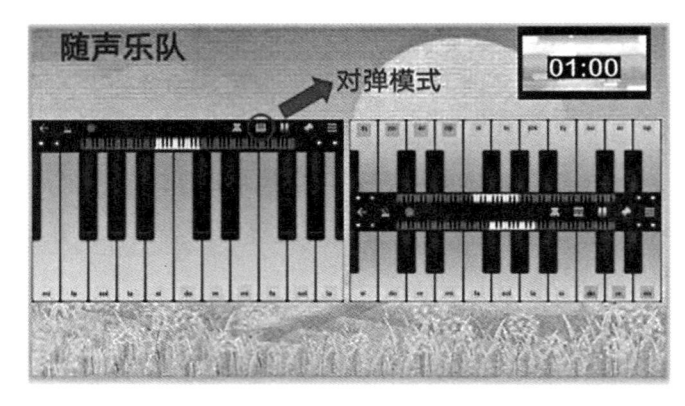

图 6-4　随身乐队对弹模式界面

预设：①可以同时演奏；②熟悉键盘的同学可以带领着不熟悉键盘的同学一起演奏；③可以按照统一的速度一前一后地演奏。

2. 借助对弹模式进行二部轮唱

小组合作：分小组试一试用二部轮唱的形式演唱并演奏歌曲《黄昏》。

检验练习成果：分小组表演并进行互评。

完整表演：全班分成乐器组、歌唱组、舞蹈组。乐器组的同学使用小提琴或竖琴进行对弹演奏。歌唱组和舞蹈组的同学分成第一声部和第二声部。

(四) 小结

教师总结本课的学习内容，根据各组表现进行点评。评价内容见表 6-6。

表6-6 评价内容

评价内容	学习结果核查
用优美、柔和的声音演唱歌曲	☐ 优秀:①把握准确的音调和节奏,有表情地进行二部轮唱;②配上动作完整演唱歌曲 ☐ 良好:①能够用自然的声音进行二部轮唱;②有表情地进行演唱 ☐ 合格:能够用自然的声音完整独唱 ☐ 需努力:未能完整地演唱歌曲

二、《天鹅》教学设计

【课题】

四年级第一学期第三单元《天鹅》。

【课时分解目标】

(1) 欣赏《天鹅》,感受乐曲舒缓柔和的情绪,联想高贵优雅的天鹅形象。

(2) 初步了解大提琴的演奏方式、感受大提琴的音色特点。

(3) 在欣赏、表演中,体会乐曲不同主题描绘的音乐形象。

【教学重点与难点】

1. 重点

感知大提琴的音色特点以及刻画的音乐形象。

2. 难点

通过肢体高度的变化模拟乐曲主题旋律的起伏变化。

【活动评价】

评价环节的内容和要点见表6-7。

表 6-7　评价环节的内容和要点

评价环节	评价内容	评价要点	目标指向
感受乐曲情绪	感受乐曲柔和的音乐气氛	结合旋律，能说出天鹅所表现的高贵优雅的音乐形象	目标指向1
听辨乐器音色	感受大提琴和钢琴音色特点	听辨大提琴温婉柔和的音色，以及钢琴的音色琶音	目标指向2

【教材分析】

乐曲《天鹅》出自圣桑的管弦乐《动物狂欢节》中的第十三首。采用了钢琴和大提琴伴奏的演奏形式。乐曲是 G 大调，全曲分为三个部分，是整个组曲中唯一一首抒情乐曲。钢琴表现清澈的湖水，大提琴优美迷人的旋律，描写天鹅高贵优雅的神情。

先是一小节引子，由钢琴演奏中的琶音技巧生动地描绘出湖面上波光粼粼的美丽景象。紧接着，独奏大提琴演奏出第一乐段中两句富有变化而又重复的旋律，这些旋律起伏跌宕，宛如一首优美的歌曲，让人仿佛看见一只天鹅正优雅地缓缓游向岸边。中间乐段的句式与音型同第一段相近，但在调式上分别转向下属调和属调并运用模进的手法使旋律有所展示，因而情绪上也略显激动。第三乐段转回原调，是第一乐段主题的再现，旋律稍微变化，并逐渐趋向宁静平稳。乐句的尾声落在了一个悠长的 do 音上，伴随着琶音的和声背景，音乐力度逐渐减弱，直至最终消散，仿佛天鹅再次游向了湖的深处。整首乐曲充满了诗意与画意，深深打动着人心。

【学情分析】

四年级的学生基于前三年的音乐学习基础，他们能够感受到乐曲速度、情绪的变化，能够感知乐曲所变现的情景，具有良好的节奏旋律模唱能力，对于歌曲中的基本乐句的划分及其呼吸有初步的概念,但学生对于演唱速度的控制力还不够。

【教学流程】

(一) 创设情境,导入新课

1. 欣赏舞蹈《天鹅》

关键设问:欣赏视频,这是什么舞蹈,舞者在模仿什么动物?

2. 芭蕾舞介绍

名词解释"芭蕾舞":芭蕾舞最重要的一个特征即舞者表演时以脚尖点地,故又称脚尖舞。舞者模仿的就是一只高贵优雅的天鹅。

(二) 揭示课题

1. 作品背景介绍

舞蹈音乐《天鹅》由法国民族乐派创始人圣桑所写,学生在一年级就曾经欣赏过圣桑所写的另一首乐曲,是描写一只威武雄壮的狮子的《狮王进行曲》。它与《天鹅》一样都选自于管弦乐组曲《动物狂欢节》。

2.《动物狂欢节》组曲背景介绍

(1) 介绍圣桑。法国民族乐派创始人之一,创作有多部音乐作品。

(2) 介绍《动物狂欢节》创作背景。1886 年,圣桑先后到布拉格与维也纳进行旅行演奏,途中在奥地利休息了几天。就在这些日子里,他应巴黎好友的请求,写作了一部别出心裁、谐趣横生的管弦乐组曲《动物狂欢节》,全曲共有 14 段音乐,在前 13 段音乐中,作者都以生动的手法惟妙惟肖地描绘了一种动物,最后一段《终曲》则描写了动物们在热闹的节日行列中,尽情狂欢的情形。我们就来欣赏其中的第十三首《天鹅》。

(三) 初听乐曲

1. 感受乐曲情绪

关键设问1：聆听乐曲，想象这是一只怎样的天鹅形象？（优雅、舒展）你听到哪两种不同的乐器音色？（低沉浑厚的大提琴，通透明亮的钢琴）

关键设问2：乐曲带给我们柔和悠扬的感受，由低沉浑厚的大提琴和通透明亮的钢琴共同演奏。聆听钢琴和大提琴的演奏分别描绘了怎样的画面？（引子部分通透明亮的钢琴模仿出了波光粼粼的湖面泛起的阵阵涟漪，低沉饱满的大提琴模仿出了高贵优雅的天鹅伸长着它的脖子在水面游动）

2. 了解大提琴

低沉饱满的大提琴就如同这只高贵优雅的天鹅，音色浑厚饱满，有着音色"贵妇"之称，它属于西洋乐器，是管弦乐队中不可或缺的低音弦乐器。

活动意图说明

1. 学习要点

感受乐曲舒缓柔和的情绪。联想天鹅高贵优雅的形象。

2. 指导与反馈要点

对大提琴做简要介绍。

3. 评价要点

听辨出大提琴和钢琴不同的音色。

(四) 听赏乐曲第一乐段

《天鹅》第一乐段旋律动画如图6-5所示。

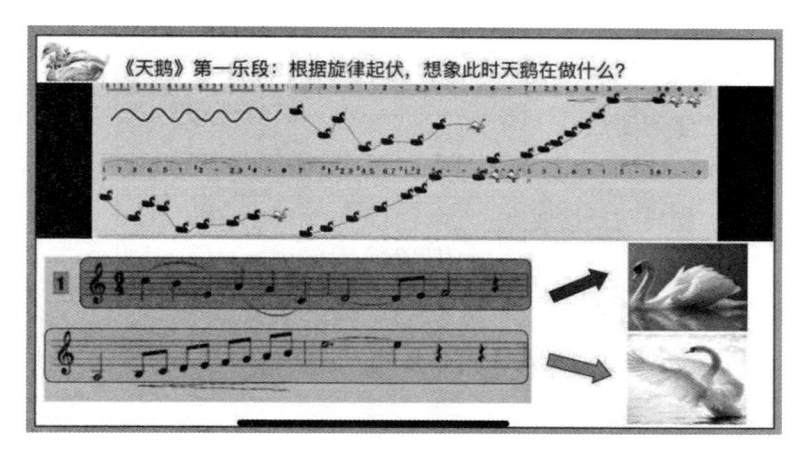

图 6-5 《天鹅》第一乐段旋律动画

1. 感受第一乐段速度

关键设问：聆听第一乐段，感受天鹅游动的速度是怎样的。（舒缓的、缓慢的）

感受乐曲速度：用六拍子的指挥图示，感受舒缓的乐曲速度。

2. 感受第一乐段旋律特点

关键设问1：再次聆听第一乐段，根据旋律起伏，想象此时天鹅在做什么？（优雅的天鹅时而跟着水波上下起伏；时而张开双翅向天空飞去）

欣赏芭蕾舞视频：观察芭蕾舞演员是如何演绎不同形态的天鹅的。

关键设问2：芭蕾舞演员是怎样模仿上下浮动的水面的？（踮脚小碎步）怎样模仿平静游动的天鹅？（手臂小幅摆动）怎样模仿张开双翅向天空飞去的天鹅？（手臂舒展并上下摆动）

> **活动意图说明**
>
> 1. **学习要点**
>
> 感受乐曲舒缓的速度。
>
> 2. **指导与反馈要点**
>
> 视频结合教师示范,指导学生模仿天鹅形象。
>
> 3. **评价要点**
>
> 用动作表现出两种不同形态的天鹅形象。

(五)听赏乐曲第二乐段

《天鹅》第二乐段旋律动画如图 6-6 所示。

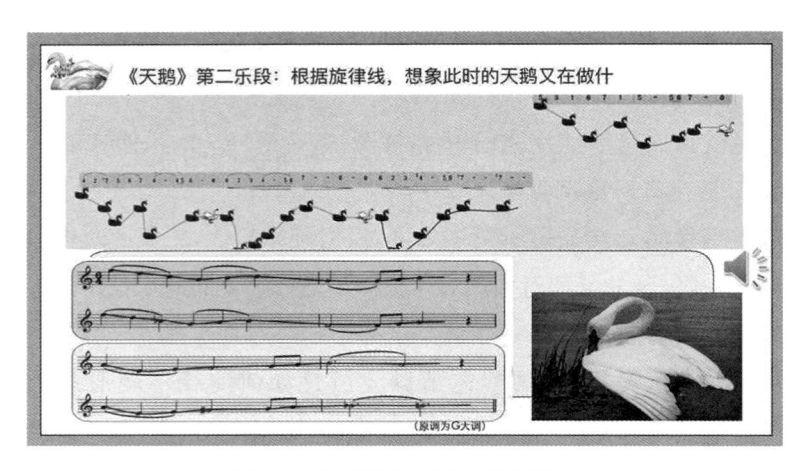

图 6-6 《天鹅》第二乐段旋律动画

1. 感受第二乐段旋律走向

关键设问 1:欣赏第二乐段,找一找相似乐句。(第一、第二乐句相似,第三、第四乐句相似)

关键设问2:这两部分旋律音区有什么变化呢?(音区移低)

2.感受第二乐段旋律特点

关键设问1:让我们再次聆听,根据旋律线,想象此时的天鹅又在做什么?

关键设问2:不断下行的旋律就像天鹅在低头沉思,上下起伏的旋律就像天鹅在整理自己洁白的羽毛,整理完毕又伸长它优雅修长的脖子。观看舞蹈演员的演绎,她的脚步动作是如何模仿低头沉思的天鹅的?(弓步)

(六)听赏乐曲第三乐段

《天鹅》第三乐段旋律动画如图 6-7 所示。

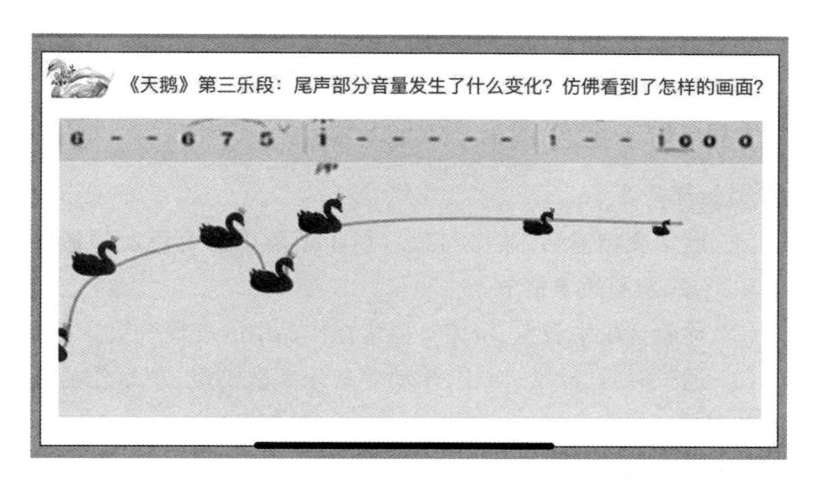

图 6-7 《天鹅》第三乐段旋律动画

关键设问1:聆听第三乐段,想一想熟悉吗?它与哪一乐段相似?(第一乐段)

关键设问2:第三乐段又回到了第一乐段中平静游动和张开双翅

的天鹅形象。但是第三乐段的尾声略有不同,听一听尾声部分音量发生了什么变化?仿佛看到了怎样的画面?(音量越来越弱,仿佛天鹅慢慢离我们远去。)

(七)完整表演

教师总结点评,评价内容见表 6-8。

表 6-8 评价内容

评价内容	学习结果核查
能听出乐曲中天鹅不同的形象	□ 正确　　□ 不正确
能听辨出大提琴与钢琴不同的音色特点	□ 正确　　□ 不正确

三、《彼得与狼》教学设计

【课题】

五年级第二学期第四单元《彼得与狼》。

【课时目标】

(1)欣赏交响童话《彼得与狼》,初步了解乐器音色所塑造的不同音乐形象,想象故事情节。

(2)体验音乐中音色、旋律等要素在作品中的表现效果。

(3)通过聆听、欣赏、对比、律动等音乐实践活动,理解作品所表现的故事情节。

【教学重点与难点】

1. 重点

感受不同的乐器所塑造的音乐形象。

2. 难点

体验音乐中音色、旋律等要素在作品中的表现效果。

【教学评价】

活动评价分为自评、互评及师评,评价标准见表 6-9。

表 6-9　评价标准

自选项目	评价标准	自评	互评	师评
我会听	准确连线乐器名称与乐器图片			
	准确连线乐器音色与乐器图片			
	准确联系乐器音色与人物形象			
我会讲	用不同图形画出角色出现的顺序			
	编创故事,讲述生动有趣、准确			
我会演	分小组表演故事情节,演绎生动			
	根据表演情节加入合适的虚拟乐器音色			

【教学流程与结构】

(一) 导入

(1) 介绍常见的交响乐团编制图。

(2) 新授乐曲中的主奏乐器就属于交响乐团。

(二) 分段欣赏乐曲

1. 彼得的旋律

(1) 聆听表现彼得的音乐旋律。

关键设问:音乐是由什么乐器演奏的?(小提琴)让你联想到一个怎样的少年形象?(阳光、乐观)

(2) 欣赏演奏片段。

关键设问:音乐的节拍和速度是怎样的?(4/4 拍　中速)

(3) 用"Lu"哼唱彼得的主题旋律。

关键设问:主题旋律出现了几次?旋律之间有什么变化?

2. 欣赏由长笛演奏的旋律

关键设问:猜猜这是谁出现了?(小鸟)

3. 聆听单簧管和双簧管演奏的旋律

单簧管和双簧管分别代表彼得的两个好朋友,单簧管代表猫,双簧管代表鸭子。

4. 找出角色出现的顺序

聆听音乐片段,找出角色出现的顺序。

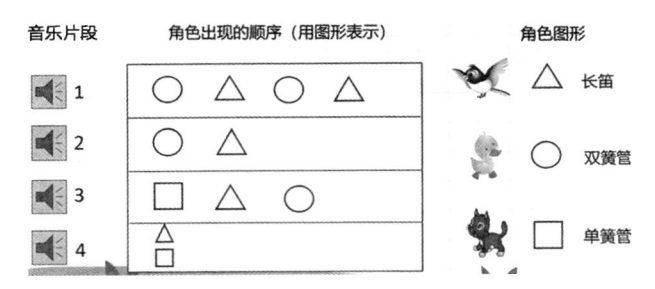

图 6-8 聆听音乐片段,找出角色出现的顺序

教学意图说明

1. 学习要点

听辨乐器及其音色特点及在乐曲中所表现的音乐形象。

2. 指导与反馈要点

听出乐器所扮演的角色,并排列出角色出现的顺序。

3. 评价要点

正确听辨出乐器音色及出现顺序。

5. 聆听大管演奏的旋律

关键设问 1:听听大管的音色是怎样的?(低沉、浑厚)

关键设问 2:描写了哪一个角色?(老爷爷)

6. 聆听表现狼的主题旋律

关键设问 1：它是由什么乐器演奏的？（圆号：圆润）

关键设问 2：营造了一种怎样的气氛？（阴森、惊险）

7. 聆听表现猎人开枪的声效

定音鼓。

(三) 完整欣赏乐曲

完整欣赏乐曲，完成"乐器小世界"游戏，如图 6-9 所示。

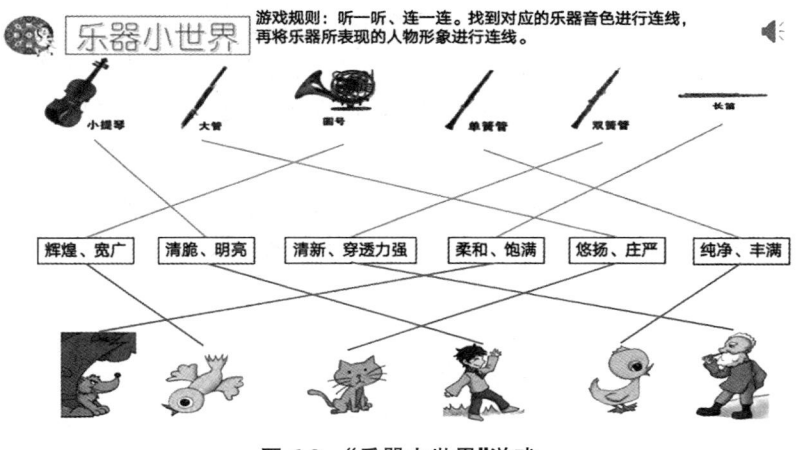

图 6-9 "乐器小世界"游戏

(四) 课堂小结

在《彼得与狼》这堂充满趣味与挑战的音乐课中，同学们不仅沉浸于音乐所营造的奇妙世界，更对音乐知识与情感表达有了深入的理解。凭借对音乐的理解和记忆，准确地判断出不同旋律所代表的角色。部分同学还积极参与配乐表演，用自己的肢体动作和表情，生动地诠释了《彼得与狼》的故事。相信这堂课会在同学们心中埋下一颗热爱音乐的种子,伴随大家在音乐的道路上不断探索,收获更多的美好。

四、教学案例及反思

(一) 案例描述

音乐学科一周仅有两节课,没有作业和考查,不能及时关注到学生的状态和情况,无法及时了解学生的学习效果,一旦学生注意力不集中,容易造成知识点遗漏,教学过程中也不乏出现一些问题与困难。所以,从学生的学情出发,在课中大胆使用全新的教学设备,给教学带来了前所未有的挑战和意想不到的惊喜,同时也让学生开阔了眼界,感受到了音乐是好玩的、音乐也是可以自己表达与创作的。学生认识音乐的媒介不仅限于书本,也在于寻找与课程联结的一切可能性,寻找信息技术工具的合理运用,借助音乐软件,打破传统简单的音视频、谱例教学,单一内容的微课的信息化运用模式,转而成为课程设计者、在旁指导者,营造真实、沉浸式的线上音乐学习场景。

(二) 教学特色环节设计

1. 技术辅助,解决二声部难点

一直以来,多声部合唱教学是音乐教学中的难点,学生对于轮唱没有明确的概念。案例中的"黄昏"一课,借助"库乐队"或"随身乐队"中的双键盘和对弹模式,来解决学生在二部轮唱中出现的音准、节奏等学习难点。从歌曲的意境出发,探索随声乐队的乐器库,使用不同音色表现欧洲小镇的黄昏美景。让学生们在多元化的音乐体验中弹奏、演唱、舞蹈,直观地感受轮唱的魅力与意义。多轨录制可以直观地展示多个音轨的音波,在教学时,可以通过直观的线条展示,给学生听觉与视觉的指引。这样的教学资源尝试,不仅让学生从听觉上感受到了和声之美,又使学生对二部轮唱的演唱方式有了初步

第六章 乘数字技术之翼,探音乐体验之境

的概念。

随身乐队和库乐队是两款智能乐器模拟器软件。全部乐器声音都来自真实乐器,如键盘、小提琴、竖琴、八音盒等,并且带有多音轨录音功能,以及作品分享平台,可以满足不同层次的学生需求。不仅解决了目前学校乐器配置不完善的实际现状,还可以让学生借助模拟乐器进行演奏,并能在小组合作中完成配器编创并进行表现,培养了学生的合作学习能力,为学生营造一个轻松愉悦的学习环境,激发学生对于音乐的学习兴趣,进而可以有效地提高教学效率。

2. 视听结合,沉浸式欣赏体验

小学生正处于活泼好动的年龄阶段,一般情况下很难非常静心地投入完整欣赏,尤其是一些速度缓慢,情绪抒情优美的乐曲,这就需要教师引导他们一步一步地被音乐吸引。因此,在欣赏课的教学过程中,采用了多种形式引导学生积极参与音乐体验,培养聆听音乐的兴趣和习惯,从而发展他们的感受力、表现力和创造力。比如,在《天鹅》一课中,学生在分乐段欣赏时,通过制作旋律线动画的方式,更直观地辅助他们听辨出旋律走向和特点,并展开想象,体会音乐所描绘的不同形态的天鹅;此外,学生探究的主要对象不仅限于音乐,还有音乐之外的其他艺术或人文学科——如舞蹈、文学、自然等。在导入时,通过请学生观看一段模仿天鹅形象的芭蕾舞视频,并配有《天鹅》的舞蹈音乐,在激发学生聆听兴趣的同时,让学生得以了解芭蕾舞的特点。在揭示课题时,通过请学生使用 AI 软件搜索乐曲背后的小故事,丰富学生的人文素养。在完整欣赏时,通过请学生边欣赏边观看天鹅的生活录像,让学生了解天鹅各种不同的姿态,为展开音乐的想象做铺垫,同时也增添他们对于大自然的了解和热爱。

3. 趣味评价,激发音乐体验主动性

在音乐教学过程中,我们应当时刻聚焦于学科的核心素养,尤其

重视学生综合能力的提升以及学习态度的体现。为了实现这一目标,需要设计一个循序渐进、易于操作且充满趣味性的评价体系。同时,我们强调评价过程中应有多方主体的互动参与,让学生通过自我评价、相互评价以及教师的评价来反馈学习体验,从而增强他们的学习自信心。以《彼得与狼》这一课时为例,我们按照"基础—实践—探究"的层次,精心设计了"我会听""我会讲""我会演"三个评价量表栏目。借助这些丰富多样的审美实践活动,可以增强学生的艺术表达能力,提升他们的文化自信心,并最终培育出他们的核心素养。

在"我会听""我会讲"中,学生在屏幕上通过连线、图形排序等方式,可以一目了然地检验他们对于音色、旋律等要素的掌握情况。在"我会演"中,学生可以在表演过程中自行加入恰当的虚拟乐器音色,对学生的综合实践运用能力提出了更高的要求,鼓励学生主动参与到音乐体验中来,以此实现教学、学习与评价三者之间的高度融合与统一。

参考文献

[1] 刘培荣,iPad数字音乐在小学音乐表演中的作用[J].百科知识,2020(30):79—80.

[2] 袁振国,教育数字化转型:转什么,怎么转[J].华东师范大学学报(教育科学版),2023,41(3):1—11.

[3] 崔允漷,学科核心素养呼唤大单元教学设计[J],上海教育科研,2019(4):1.

[4] 唐瑶.核心素养下的小学音乐情境教学应用[J].小学生(中旬刊),2022(1):31—32.

第七章　民族娃娃展风采

——小学音乐跨学科主题教学实践探索

教师简介：

陈如韵，徐汇区光启小学二级教师，教龄 7 年。曾指导学生获得 2021 年徐汇区中小学校园集体舞线上展示三等奖、合唱三等奖，2023 年校园集体舞展示活动小学组二等奖、艺术类单项比赛故事专场三等奖、钢琴专场三等奖、键盘专场一等奖等。

民族音乐是民族文化的缩影,是一个民族文明的重要组成部分,是民族文化和民族精神的重要表达形式。我国的56个民族都有自己独特的音乐文化,这些民族音乐具有悠久的历史,见证了民族的发展,具有独特的地域性,展现了民族的文化传承、劳动情形和节庆习俗。民族音乐是一门独特的艺术语言,承载着丰富的情感和价值观,代表这个民族对于生活的理解,对于国家的热爱。

在小学的课本教材中,不同民族的音乐作品分布比较广,如何帮助学生进行系统性的梳理,巩固对于不同民族音乐的理解?学生可以通过哪些形式表达出自己对于不同民族文化的理解?

本章将小学音乐教材三至五年级中与中国少数民族有关的音乐作品进行了整理,尝试从以跨学科主题教学的形式入手,探索以上两个问题的解决方式。

第一节 项目构建

一、项目设计意图

《义务教育艺术课程标准(2022年版)》(以下简称《艺术课程标准》)中指出:坚持以美育人,以落实核心素养为主线,引导学生积极参与各类艺术活动,感受美、欣赏美、表现美、创造美,丰富审美体验,学习和领会中华民族艺术精髓,增强中华民族自信心与自豪感;重视艺术体验,突出课程综合,重视艺术与其他学科的联系,发挥协同育人功能。

第七章　民族娃娃展风采

在教材作品中,每个学期都有不少涉及民族音乐文化的作品,学生通过欣赏与歌唱,接触了解中国不同民族的民族音乐文化。但这些各个民族的音乐作品分布在不同的单元中,学习时间跨度相对较大,学生对于这些民族音乐的记忆具有一定的难度。本项目希望通过项目化的活动的设计,使学生在聆听与歌唱的基础上,能够通过综合性活动,巩固对于各个民族的音乐文化的理解与感受,在探索与合作的过程中,形成积极的实践态度,在活动中激发对于不同民族的音乐文化的探索兴趣,培养民族自豪感。

二、项目实施框架

(一)理论基础

《义务教育课程方案(2022年版)》(以下简称《课程方案》)提出基于核心素养的培养要求,要求原则上各门课程用不少于10%的课时设计跨学科主题学习。在学段目标中指出:在各艺术学科的学习中,学生观察自然、了解社会、感悟人生,……用有组织、有意义的音乐语言表达思想,用视觉媒介和技术创造形象,用舞蹈语言抒发情感,……运用现代媒介和数字媒体技术再现与表现世界,在艺术的世界中求真、崇善、尚美。《项目化学习设计:学习素养视角下的国际与本土实践》中对跨学科项目化作出了说明,强调通过学科间不可分割的联系达到整体理解,学生汇聚两个及两个以上的学科概念来解释现象、解决问题、创造作品,从而产生新的理解,创造出新的意义,促进对世界的深度理解。

音乐是听觉的艺术,看不见,摸不着,但与其他学科又具有天然的关联性。音乐的体验是一种多感官联动的体验,我们常常用语言来表达对于音乐作品的感受,借助画面来表现出想象中的音乐所描绘的情景。音乐与语文、美术学科具有天然的跨学科的可能性。跨学科的主题式学习方式相较单一学科的课堂教学方式,更考验学生对于不同学科的学习经验的运用,表达对音乐作品的理解的形式也更加丰富。通过营造真实情景下的问题,学生需要根据自己已有的学习经验,从不同学科中,探索寻找解决问题的方式。学生在学习的过程中,不但加深了对于习得的知识的理解与运用,也培养了团队合作能力与实践探索的能力。在与伙伴合作的过程中,每个学生的能力也能够得到充分发挥。

每一个民族的音乐都有着各自鲜明的风格,有的来自音乐中的节奏,有的来自其独特的旋律音调。《艺术课程标准》在第二学段的"听赏与评述"和"独唱与合作演唱"这两个学习任务中提出要求,要求学生能够感受不同地区、民族和国家的音乐风格、韵味,体验我国有代表性的地区和民族音乐风格,学唱富有中华优秀传统文化特色的民歌。在"编创与展示"中提出要求,要求学生能根据特定的主题和表现需要,选择合适的声音材料和表现形式,与同伴合作编创并表演音乐故事、音乐游戏、短小音乐剧和情景剧等。

(二) 内容整合

三至五年级小学音乐课本教材中的与中国少数民族相关的欣赏与歌唱音乐作品共有 15 首,见表 7-1。

表 7-1　教材中与中国少数民族相关的欣赏与歌唱音乐作品

年　级	作　品	民　族
三年级第一学期	欣赏:《马车夫之歌》	新疆维吾尔族
	歌唱:《乃哟乃》	土家族
	欣赏:《快乐的诺苏》 歌唱:《阿细跳月》	彝　族
三年级第二学期	欣赏:《美丽的草原我的家》	蒙古族
	歌唱:《新疆是个好地方》	新疆维吾尔族

第七章 民族娃娃展风采

续表

年　　级	作　品	民　族
四年级第一学期	欣赏:《苗岭的早晨》	苗　族
	欣赏:《赛马》 歌唱:《鸿雁》	蒙古族
	歌唱:《丰收的节日》	新疆塔塔尔族
四年级第二学期	欣赏:《欢乐的火把节》	彝　族
	歌唱:《小奶牛》	朝鲜族
	欣赏:《天山之春》	新疆维吾尔族
五年级第一学期	欣赏:《吉祥三宝》	蒙古族
五年级第二学期	欣赏:《草原牧歌》	蒙古族

可以看到,三年级主要是新疆维吾尔族、土家族、彝族和蒙古族四个民族;四年级除了新疆地区的塔塔尔族和维吾尔族、彝族、蒙古族之外,还有苗族和朝鲜族,共六个民族;五年级集中在蒙古族。因此,在三、四年级可以根据本学期出现过的少数民族音乐作品开展综合活动,而五年级可以在蒙古族音乐的基础上,回顾整个小学阶段所接触的少数民族音乐,帮助学生在活动中对学习过的知识进行一个系统的梳理与巩固。

少数民族的音乐作品一般表现的是各民族的历史、文化、生活情感以及独特的音乐风格,这些音乐作品各具特色。如藏族民歌包括山歌、劳动歌、爱情歌等,其中酒歌和箭歌具有鲜明的藏族民间音乐特点,风格热情、明快。蒙古族民歌分为长调和短调,长调旋律悠扬、宽广,短调轻快活泼,节奏感鲜明。维吾尔族民歌涵盖爱情、劳动、历史、生活习俗等多个方面,音乐特点多样,旋律线条多呈现锯齿形,曲调的进行曲折细腻。这些音乐作品不仅是艺术形式的体现,也是各少数民族历史和文化的重要传承。

在学习这些音乐作品的基础上,通过情景创设,请学生以小组合作的形式设计一个综合性表演活动,运用歌唱、舞蹈、伴奏等多种不同方式呈现出对于少数民族文化的理解，对于音乐作品表现内容的感受。

在项目化活动中，引导学生运用多种学科的能力来丰富音乐的表现形式。基于学生的能力以及课时安排，三年级可以请学生运用作品中的旋律，编创一到两句歌词描绘民族特色，四年级可以请同学根据民族传统文化，编创一到两句简单的诗歌吟诵，五年级可以为节目设计一段简单的情景旁白。除了结合语文学科的语言表述方式外，还可以与美术学科相结合，学生运用身边常见的材料动手制作民族服饰、民族乐器，绘制简单宣传展板、民族头饰等方式丰富表演内容。借助数字化支持，学生运用库乐队中的打击乐器编创简单节奏进行伴奏，运用库乐队中合适的音色为音乐伴奏；借助AI生图，通过输入关键词生成相应图片作为表演的背景或介绍内容，生成具有民族元素的宣传图片，模拟民族乐器的演奏等。

基于各年段学生学情，最终构建的数字化支持下的跨学科民族音乐文化学习框架如图7-1所示。

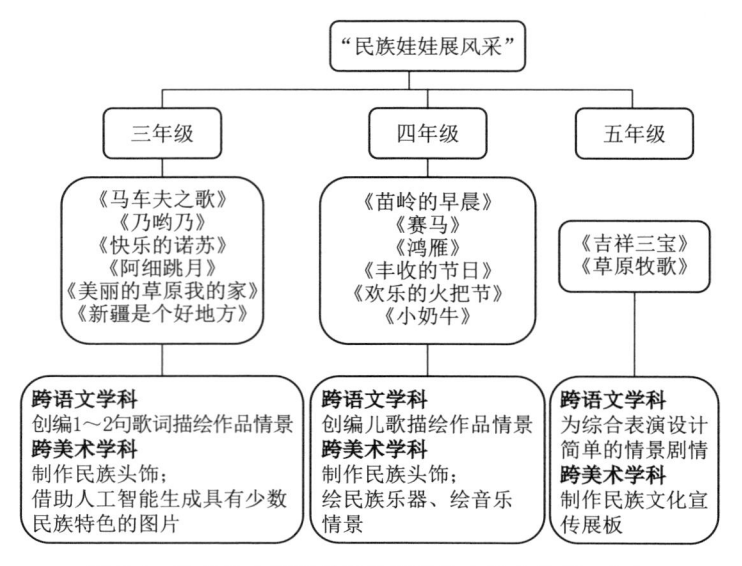

图7-1　数字化支持下的跨学科民族音乐文化学习框架

第二节 单元实施方案

一、单元概述

"民族娃娃展风采"跨学科民族音乐大单元内容选自上海音乐出版社《音乐》三至五年级的内容，围绕中国少数民族音乐作品展开。

本单元以三年级为例，选取三年级第一学期音乐教材中的少数民族音乐作品进行单元重构，分别是新疆维吾尔族《马车夫之歌》、土家族《乃哟乃》、彝族《快乐的诺苏》和《阿细跳月》四首音乐作品。

单元核心内容侧重于"音乐的表现力"。通过单元内容的学习，学生感受艺术与生活的广泛联系，通过作品的学习接触到不同地区、民族的历史与文化传统，并能运用语文、美术学科的表达方式来辅助呈现对于少数民族文化的理解，在活动中逐步培养审美感知能力、文化理解能力、艺术表现能力和创意实践能力，激发民族自豪感。

二、单元教材分析

"民族娃娃展风采"单元教学分析见表7-2。

表7-2 "民族娃娃展风采"单元教学分析

内容	教材内容特征与学习重点	教学基本要求标引（三年级）
《马车夫之歌》	【内容特征】 1. 亦称《达坂城的姑娘》，原为新疆维吾尔族民歌，最初由赶车人、脚夫与商贩即兴填词传唱，因曲调活泼跳跃、歌词风趣精炼，常在婚礼与歌舞聚会上演唱； 2. 是我国第一首经过专业音乐工作者收集、整理的维吾尔族民歌； 3. 教材中选用了歌曲的器乐演奏版本，由新疆少数民族特色乐器冬不拉、手鼓演奏	1.1.2 1.2.2 1.2.5 1.3.5 1.3.6 1.4.2 1.4.3 2.3.1

续表

内　容	教材内容特征与学习重点	教学基本要求标引(三年级)
《马车夫之歌》	【学习重点】 1. 认识新疆少数民族特色乐器冬不拉与手鼓,了解音色特点,能够模仿乐器演奏的动作; 2. 感受与想象歌曲表现的新疆维吾尔族人们诙谐、欢快的生活情景。用舞蹈或歌词编创的方式表现	2.4.1 4.1.1 4.2.1
《乃哟乃》	【内容特征】 1. 土家族民歌,原名也叫《咚咚喹》,歌曲中的衬词"乃哟乃"是土家族方言,可以理解为"愉快、高兴和爽朗"的情感表达,歌曲短小精练,节奏简单,旋律清新明快又富于变化,朗朗上口,富有激情; 2. 土家族习唱山歌,主要从事农业,享有"花山歌海"的美誉,歌曲表现了土家族人民热爱劳动、热爱生活的质朴情感 【学习重点】 1. 感受土家族音乐风格特点,了解歌曲中展现心情的衬词; 2. 了解土家族的风俗,通过舞蹈、歌唱、表演等方式感受歌曲欢快热烈的情绪	1.1.2 1.3.5 1.3.6 1.4.2 1.4.3 2.2.1 2.4.1 4.1.1 4.2.1
《快乐的诺苏》	【内容特征】 1. 原为舞蹈作品,反映民主改革后凉山彝族人们打破千年的奴隶枷锁,成为掌握自己命运主人后的自由、幸福、快乐; 2. 弹拨乐合奏《快乐的诺苏》分为A(2/4)-B(3/4)-A′(2/4)三个部分,具有浓郁的民族风格,简短热烈的前奏之后,用彝族人民最喜爱的乐器月琴奏出音乐主题,音乐主题为8小节,曲调短小流畅,带给人一种轻松活泼的感觉,表现了彝族人们载歌载舞、歌唱美好生活的欢乐场景 【学习重点】 1. 感受不同乐器的音色特点; 2. 感受乐曲的节拍和情绪变化,想象彝族人民载歌载舞的欢乐情景	1.1.2 1.2.2 1.2.3 1.2.5 1.3.5 1.3.6 1.4.2 1.4.3 2.3.1 2.4.1 4.1.1 4.2.1
《阿细跳月》	【内容特征】 1. 根据云南地区彝族民间音乐素材创作而成,描绘了彝族山寨迷人的夜色以及阿细人聚集在月夜下,以"跳月"的传统舞蹈形式兴高采烈地欢歌劲舞、庆祝节日的热闹场景; 2. 采用五拍子的复合节拍,富于动感,特色鲜明,音乐主题不断重复,把音乐情绪推向高潮; 3. 乐曲采用民乐合奏的形式,其中运用了彝族特色弹拨乐器大三弦	1.1.2 1.2.2 1.2.5 1.3.5 1.3.6 1.4.2 1.4.3 2.3.1

第七章　民族娃娃展风采

续表

内容	教材内容特征与学习重点	教学基本要求标引（三年级）
	【学习重点】 1. 认识彝族特色弹拨乐器大三弦，了解演奏动作； 2. 感受、想象并表现彝族阿细人跳月的欢乐情景	2.4.1 4.1.1 4.2.1
备注	4首作品分别来自不同地区的少数民族，展现了少数民族的生活情景以及对于生活的热爱之情。其中《马车夫之歌》《快乐的诺苏》《阿细跳月》的综合表演可以结合民族特色乐器的介绍，《马车夫之歌》《乃哟乃》《阿细跳月》可以加入民族舞蹈动作的表演； 在课堂中，学生可以通过绘画或是软件生成图片的形式展示民族特色服饰、特色乐器，也可以用打击乐器，根据民族音乐的节奏特点，配以简单的节奏声势伴奏	

三、单元目标

（一）年级目标

"民族娃娃展风采"跨学科民族音乐大单元年级目标见表7-3。

表7-3　"民族娃娃展风采"跨学科民族音乐大单元年级目标

目标领域	课程主题		目标及水平	关键能力
认知	1. 感受与欣赏	1.1 音乐情感与形象	1.1.1 辨别音乐的不同情绪（B） 1.1.2 阐释对不同音乐情境与形象的联想（B）	审美感知
		1.2 音乐要素	1.2.2 辨别音乐的速度及其变化（B） 1.2.3 辨别音乐的力度及其变化（B） 1.2.5 感知乐器音色的特点并作出反应（A）	
		1.3 音乐体裁与风格	1.3.5 感知短小歌（乐）曲的风格特点（A） 1.3.6 感知中外民族民间音乐的风格特点（A）	
		1.4 音乐相关文化	1.4.2 知道音乐作品的民族、地域文化与创作背景（A） 1.4.3 知道不同社会、生活场景中音乐的表现作用（A）	文化理解

续表

目标领域	课程主题		目标及水平	关键能力
认知	2. 表现	2.2 演唱	2.2.1 以视听结合的方式齐唱(B)	艺术表现
		2.3 演奏	2.3.1 以模仿的方式学会课堂乐器的演奏方法(A)	
		2.4 综合性艺术表演	2.4.1 以模仿的方式学会歌表演和舞蹈(A)	
			2.4.2 知道开展综合艺术表演的基本方法(A)	
	3. 创造	3.3 音乐创作	3.3.2 知道创造性综合表演的形式与方法(A)	创意实践
情感	4.1 审美观念		4.1.1 愿意分享对音乐情感与形象的体验(A)	必备品格
			4.1.3 愿意了解中外音乐作品及其文化(A)	
			4.1.4 愿意了解音乐在社会生活中的作用(A)	
	4.2 实践态度		4.2.1 愿意与同伴合作开展音乐表演(B)	
			4.2.2 依据表演标准与创造规则开展活动(B)	

(二) 单元目标

根据单元内容分析,进一步确立单元目标。

(1) 感知民族音乐中的音乐要素,愿意分享对音乐的体验,能通过造型、身体动作、图形、语言等方式,表现对音乐情绪的感受,对音乐情境和形象的联想。(1.1.1+1.1.2+1.2.2+1.2.3+1.3.5+1.3.6+4.1.1)

(2) 认识民族乐器,感知民族乐器音色特点,知道演奏方法。依据表演标准与创造规则,与伙伴开展综合表演活动。(1.2.5+2.3.1+

2.4.1＋2.4.2＋3.3.2＋4.2.1＋4.2.2)

（3）以视听结合的方式,学会歌曲。知道音乐作品的民族、地域文化与创作背景,在不同社会、生活场景中的表现作用,了解音乐文化在社会生活中的作用。(1.4.2＋1.4.3＋4.1.3＋4.1.4)

四、单元问题链设计

单元问题链设计见表 7-4。

表 7-4　单元问题链设计

单元基本问题	
1. 少数民族是如何通过音乐来展现民族文化的？ 2. 结合所学过的音乐作品,除了歌唱与舞蹈,还可以加入哪些表现形式来丰富表演？	
课时关键问题	
第一课时 任务一:交流与总结本学期与少数民族相关的音乐作品 任务二:讨论展示方案内容	1. 本学期学习了哪四首少数民族相关音乐作品？分别是哪些民族？ 2. 通过学习,你对这些民族有了哪些了解？如果请你设计一个展民风的节目方案,可以包含哪些内容？ 3. 可以通过哪些方式来展现少数民族的民族文化特色？
第二课时 任务一:设计展示方案,明确小组分工 任务二:小组合作,完成展示交流	1. 节目方案的实施需要哪些分工？ 2. 在节目的准备与展示中,遇到了什么困难？是如何解决的？ 3. 除了新疆维吾尔族、土家族与彝族,你还对什么民族有所了解或感兴趣？
第三课时 任务一:交流分享 任务二:评价总结	你通过哪些方式收集到这些信息资源？

五、单元评价

单元评价见表 7-5。

表 7-5　单元评价

评价维度	评价内容	评价观测点	表现标准	目标指向
学业成果	1.1 音乐情感与形象	辨别音乐中不同情绪	☐ 能表达对一段音乐情绪的感受 ☐ 能对比表达两种不同音乐情绪的感受 ☐ 能用不同方式区分音乐的情绪 等第标准说明： ☆☆☆完成 3 项 ☆☆完成 2 项 ☆完成 1 项	1.1.1
		阐释对不同的音乐产生情境与形象联想	☐ 能根据音乐要素，说出对音乐情境与形象的联想、想象 ☐ 能根据音乐的标题和内容，说出对音乐情境与形象的联想、想象 ☐ 能用多种方式表现对音乐情境与形象的联想 等第标准说明： ☆☆☆完成 123 ☆☆完成 13 或 23 ☆完成 3	1.1.2
	1.2 音乐要素	辨别音乐速度、力度及其变化	☆☆☆能用身体动作表现音乐速度、力度特点，并区分段落 ☆☆能用身体动作表现音乐速度、力度特点 ☆经提示，能描述对音乐速度、力度变化的感受	1.2.2 1.2.3
		感知乐器音色并作出反应	☐ 说出乐器的名称 ☐ 能模仿乐器演奏的姿势 ☐ 用自己的语言和声音描述对乐器音色的感受 ☐ 用适当的方式表示在乐曲中听到的特定乐器音色 等第标准说明： ☆☆☆完成 3 项 ☆☆完成 2 项 ☆完成 1 项	1.2.5

第七章 民族娃娃展风采

续表

评价维度	评价内容	评价观测点	表现标准	目标指向
学业成果	1.4 音乐相关文化	知道音乐作品文化	☆☆☆能说出音乐作品的民族或地域文化信息 ☆☆经提示能说出音乐作品的民族文化信息 ☆能复述音乐作品的民族文化信息	1.4.2
	2.2 演唱	以视听结合的方式齐唱歌曲	① 能正确地演唱词曲 ② 能按照音乐的速度和节拍演唱 ③ 能与同伴一起用统一的音色演唱 ☆☆☆完成①②③ ☆☆完成①② ☆完成①	2.2.1
	2.3 演奏	以模仿的方式学会课堂乐器的演奏方法	① 按照图形谱的提示演奏打击乐器、民族特色乐器 ② 按照节奏谱的提示演奏打击乐器、民族特色乐器 ③ 按照一定的速度进行打击乐器、民族特色乐器的演奏 ④ 按照音乐的速度演奏 等第标准说明： ☆☆☆能做到①②③④ ☆☆能做到①②③ ☆能做到①或②或③	2.3.1
	2.4 综合性艺术表演	以模仿的方式学会歌表演和舞蹈	☆☆☆能按照音乐的节拍和速度开展歌表演、舞蹈 ☆☆能通过模仿老师展现连贯的歌表演、舞蹈组合 ☆能通过模仿学会简单的歌表演、舞蹈基本动作	2.4.1

续表

评价维度	评价内容	评价观测点	表现标准	目标指向
学业成果	2.4 综合性艺术表演	知道开展综合艺术表演基本方法	① 能遵照指令要求,按一定顺序开展综合艺术表演 ② 能根据指挥动作提示,按顺序开展综合艺术表演 ③ 能按音乐的速度开展综合艺术表演 ☆☆☆能做到①②③ ☆☆能做到①③ ☆能做到①	2.4.2
	3.3 音乐创作	根据表演标准与创造规则开展活动	① 完全遵循创造规则 ② 部分遵循创造规则 ③ 合理使用所提供的全部素材 ④ 用所提供的部分素材 ⑤ 使用所提供的单一素材 ☆☆☆能做到①③ ☆☆能做到②③或②④ ☆能做到②⑤	3.3.2

第三节 典型实施案例

一、教学设计

【学习内容】

第二课时"民族娃娃展风采"设计与交流

【课时目标】

(1) 知道音乐作品的民族、地域文化与创作背景,在不同社会、生活场景中的表现作用,感知民族音乐中的音乐要素,能通过造型、身体动作、图形、语言等方式,表现对音乐情绪的感受,对音乐情境和形象的联想。

(2) 认识传统民族乐器,知道演奏方法。

(3) 能依据表演标准与创造规则,与伙伴开展综合表演活动。

【课时关键问题】

(1) 节目方案的实施需要哪些分工?

(2) 在节目的准备与展示中,遇到了什么困难?是如何解决的?

(3) 除了新疆维吾尔族、土家族与彝族,你还对什么民族有所了解或感兴趣?

【课时资源支持】

多媒体。

【课时评价设计】

课时评价设计见表 7-6。

表 7-6　课时评价设计

评价内容	学习结果
能说出新疆、彝族的民族特色乐器:冬不拉、手鼓、大三弦	□能　□不能
能简单知道新疆、土家族、彝族的民族传统文化、生活情景、节庆活动	□能　□不能
能用语言、歌唱、绘画等不同方式表达对音乐情境和形象的联想	□能　□不能
能与同伴合作进行歌表演	□能　□不能
能与同伴交流分享自己的想法和经验	□能　□不能

【课时流程】

(一) 导入

通过上节课的讨论与交流,我们初步制定了"民族娃娃展风采"的方案内容。今天,我们将继续以小组为单位进行方案的完善和排演。

(二) 讨论与合作

（1）各小组的初步展示。

（2）讨论明确小组成员分工（介绍、歌唱、伴奏、绘画、搜索资源等）。

（3）节目排练。

(三) 展示交流

1. 小组展示

（1）系统随机抽取小组，进行展示。

（2）小组综合活动展示。

2. 交流评价

分别从编创歌词契合度、（歌唱、舞蹈等）节目呈现效果、是否展现出民族特色、小组参与程度四个方面进行评价。

3. 小组交流

（1）分享在准备期间遇到的困难：小组的分工、资源的收集、歌词的编创、内容的设计等。

（2）小组分享解决方法或是全班讨论提出建议。

(四) 拓展与小结

除了新疆维吾尔族、土家族与彝族，你还了解哪些少数民族的风土人情？或是比较感兴趣的？请你收集相关的歌曲、音乐、表演或是介绍，下节课进行分享。

二、教学案例及反思

(一) 主要环节与策略

三年级的学生经过两年的学习，已经基本养成了静心聆听的好习惯，也积累了相当的音乐感知、表达和想象的能力。因此，音乐作品的欣赏主要从音乐要素的听辨入手，重点放在对歌曲背景、音乐形象和音乐情感的感受、体验与理解上,通过各种形式的活动,引导学生较深入地感知、理解音乐中包含的少数民族文化,在活动中逐渐培养对中国少数民族传统文化的兴趣和探索欲。

1. 任务驱动,创设真实情景

在第一课时的活动中,创设问题情境:"中国的民族文化博大精深,有许多人慕名而来,想要了解中国的少数民族传统文化。为此,各个少数民族的娃娃们精心准备了一场节目,向人们展现自己的民族特色文化。现邀请你来为这场节目设计一个活动方案。"师生通过聆听、歌唱与讨论,共同回顾本学期所接触到的少数民族音乐作品,交流总结这些作品中所包含的少数民族特色文化,如音乐风格、音乐情境、民族特色乐器、民族特色节庆活动等。根据任务目标,初步确定展示方案的内容。

2. 学科助力,数字赋能,丰富艺术表现

第二课时以小组为单位进行讨论与展示。在确定了想要展示内容后,教师可以引导学生思考,除了歌唱与舞蹈以外,还可以有哪些不同的方式呈现少数民族的特色。如简单编创1~2句歌词,用歌声描绘少数民族生活情境、节庆场面。利用库乐队中不同的打击乐器音色来为表演伴奏。画一画民族特色服饰,民族特色乐器。考虑到课堂时间以及三年级的学生绘画能力,也可以借助在线图片生成软件,通过输入如"彝族""火把节""跳月舞"等关键词,现场呈现出乐曲中描绘的情景。

学科的融合丰富了音乐的表现形式。数字化的辅助使音乐活动变得更加生动有趣。不仅能够在活动中提升学生的艺术素养,还培养了他们的表达力和创造力。

(二) 教学反思

在教学过程中也暴露出一些问题与不足。尽管拓展延伸活动丰富多样,学生们在表演形式上展现出较高的积极性和创造力,但仔细审视会发现,这些活动存在音乐性不足、形式大于内容等问题。展示中,部分小组过于注重表演的形式,如舞蹈动作的整齐度、服装的华丽程度等,而忽略音乐本身的要素和内涵。例如,在歌唱表演中,学生们虽然能够熟练地唱出歌曲的旋律,但对于歌曲的情绪把握不够准确,对音乐的情感表达也不够到位,未能真正将音乐与所展示的少数民族文化特色紧密结合。此外,在歌词编创环节,部分学生编创的歌词虽然能体现少数民族的生活场景,但在韵律和节奏上与原曲的契合度不高,缺乏音乐的美感。在对民族特色乐器的介绍和使用上,学生们更多地只是停留在表面的展示,对于乐器的演奏技巧、音色特点以及在音乐作品中的作用等方面的理解不够深入。教师需要在活动的过程中,关注到学生的音乐素养和对少数民族音乐的深层次理解。

(三)改进措施与展望

针对以上问题,在后续的教学中将会从以下几个方面改进。首先,在教学设计上,会更加注重音乐性的表现。不仅仅关注活动的形式和创意,而是要将音乐要素的分析和理解贯穿始终。例如,在歌词编创环节,教师可以先引导学生充分感受原曲的旋律、节奏和韵律特点,让学生在编创过程中有意识地遵循这些特点,使编创的歌词与原曲更好地融合。在乐器使用方面,教师可以带领学生回顾乐器的演奏技巧和独特音色,引导学生思考如何运用这些乐器来丰富音乐的表现力,如利用纸板与皮筋根据民族乐器外形,制作出简单的发生乐器进行伴奏,利用库乐队中相似音色的乐器进行伴奏等。其次,在教学过程中,要加强对学生的引导和反馈。教师要密切关注学生的活动过程,及时发现学生在音乐理解和表现上的问题,并给予针对性的指导。例如,学生进行歌唱表演时,教师可以及时纠正学生的节奏错误，引导学生通过调整演唱的力度、速度等方式更好地表达歌曲的情感。同时，教师要鼓励学生之间相互评价，通过互评让学生从不同的角度发现问题，学习他人的优点。最后，要进一步丰富教学资源，为学生提供更多接触和了解少数民族音乐文化的机会，如观看关于少数民族音乐文化、节庆活动的纪录片，带领学生参观少数民族文化博物馆等，让学生在亲身参与中感受少数民族音乐的魅力，深入了解少数民族音乐背后的文化内涵。

在未来的教学中，我将继续探索如何在丰富多样的教学活动中，深入挖掘音乐的本质，让学生在感受音乐之美的同时，传承和弘扬中华优秀的少数民族传统文化。通过不断地反思与改进，努力打造更加优质、高效的音乐课堂，为学生的全面发展奠定坚实的基础。

参考文献

[1] 项目化学习设计：学习素养视角下的国际与本土实践[M]. 北京：教育科学出版社，2021.

后　记

　　2024年年初，徐汇区教育系统第七期名师工作室正式启动，来自不同学校的教师们怀着对教育的热爱，对教学的追求，汇聚于小学音乐（邰方）名师工作室，我们两人也很荣幸地成为本届工作室的正、副组长。从此，在邰方老师的引领下，教师们成为抱团取暖、携手并进的小伙伴，一路在各位专家的指引和帮助下，并结合自己的专业以及学校的特色，确定了各自的子项目并积极展开研究，最终，将对"数字化支持下的小学音乐跨学科教学"的思考与实践凝于本书中。

　　数字化？跨学科？在进行项目研究之前，大家对这些词的理解仅限于表面的概念和模糊的愿景，它们如同飘浮在空中的楼阁，美丽却遥不可及，我们不免担心其在实际教育环境中的可行性和有效性。

　　然而，随着项目研究的逐步深入，我们像探险者一样，穿越了一片又一片未知的领域，逐渐揭开了数字化与跨学科教育的神秘面纱。数字化不仅仅是技术的应用，更是一种思维方式的转变。它使学习资源的获取、处理和分享变得前所未有的便捷与高效；使学习手段变得更加丰富与灵活；为艺术表现、创意表达提供了无限可能。跨学科则像是一座桥梁，它打破了学科壁垒，连接起看似孤立的知识岛屿，使学生在解决真实问题的过程中，逐步掌握综合运用多学科知识、技能和思维方式的能力，从而提升他们实践创新、科学精神、人文底蕴、责任担当等综合素养。

　　令人振奋的是，当我们将这些理念融入课程设计与实践时，学生们的反应给予了我们极大的信心与动力。他们主动探索、创意表达的积极性提高了。无论是知识的深度、技能的广度,还是审美感知、文化理解的程度,他们都能在学习方式的转变中产生新的能量,给出许多正向而积极的反馈。这些发现打消了大家的顾虑与担忧,让我们看到了前进的希望,也让我们对音乐教育的未来发展充满了期待。我们相信,在数字化和跨学科教育下,我们能够为学生提供一个更加丰富、多元和互动的学习环境,学生也势必会在这样的环境中,获得综合素养的提升。

研究项目的顺利开展与细化,离不开引领我们前行的专家们。感谢席恒教授,张立新博士,正高级教师、特级教师杨向谊,正高级教师、特级教师张莉珉4位专家启智蒙心,在工作室启动仪式上,为我们开启了对数字化和跨学科教学的思考;感谢正高级教师、特级教师李逊芳,围绕数字化教育和教师个人发展的专题讲座为我们的研究和职业发展指明了方向;感谢冯熠副教授、叶青青讲师在上海音乐学院为我们的即兴弹唱给予一对一指导,为我们专业技能的精进答疑解惑;感谢正高级教师、特级教师秦奕,围绕对"新课标""新方案"以及"新教材"的解读,结合生动的课例,带我们迈进了"双新"的大门;感谢正高级教师、特级教师张莉珉、曹景谐博士非常细致地对我们个人研究项目——指导;感谢杜颖颖主任让我们对书稿出版表述的规范性和一致性有了明确认识;感谢正高级教师、特级教师曹晏平、张菊以及万晓春,对我们的课堂教学给予了全面而精准的指导。

当然,在这段充满探索与挑战的旅程中最要感谢的,是工作室的主持人——邰方老师!是她以深邃的洞察力和前瞻性的视野,为我们确定了工作室研究的大方向,让我们能够在这片广阔的领域中找到自己的小方向,深耕细作;是她精心策划、组织安排每一次活动,让我们在这些宝贵的交流与学习时刻里、在一次次的思维碰撞中,逐渐加深对数字化和跨学科的认识。这些都凝聚着她对提升我们专业素养的深切期许。在研究的过程中,邰老师总是在不断地推动我们、鼓励我们,她分享自己丰富的写作经验和出版成果,激励我们勇敢执笔,不畏艰难,她一句句温暖的话语就像和煦的春风,不断吹散我们心中的担忧和顾虑。更令人感动的是,她总是敞开心扉,告诉我们可以随时向她请教任何问题,哪怕是假期,她的办公室也总是为我们敞开。无论是研究上的困惑还是生活中的烦恼,她总是耐心倾听,悉心指导。她为我们提供的不仅是学术上的指导,更是情感上的支持。让我们感受到工作室就像一个温暖的大家庭,每个人都可以在这里安心探索、自信成长。

回顾这段旅程,我们感到无比庆幸,能参与到工作室、参与到研究项目中来。它不仅让我们对音乐教育有了更深刻的理解,也让我们对如何通过音乐教育塑造未来有了更多的思考。这本书是我们对数字化与跨学科的初步探索与尝试,还存在些许不够成熟之处,希望它能够成为一块敲门砖,激发大家对"双新"变革下的教育新样态的思考,让更多的教育工作者和学生受益于数字化和跨学科带来的变革。

叶雯雯　阎天昀

2024 年 10 月 2 日

图书在版编目(CIP)数据

教育数字化支持下小学音乐跨学科教学设计 / 邰方主编. -- 上海 : 上海社会科学院出版社，2025.
ISBN 978-7-5520-4751-6

Ⅰ.G623.712

中国国家版本馆 CIP 数据核字第 20252KS448 号

教育数字化支持下小学音乐跨学科教学设计

主　　编：邰　方
责任编辑：杜颖颖
封面设计：裘幼华
出版发行：上海社会科学院出版社
　　　　　上海顺昌路 622 号　邮编 200025
　　　　　电话总机 021 - 63315947　销售热线 021 - 53063735
　　　　　https://cbs.sass.org.cn　E-mail：sassp@sassp.cn
照　　排：南京理工出版信息技术有限公司
印　　刷：上海颛辉印刷厂有限公司
开　　本：890 毫米×1240 毫米　1/32
印　　张：7.125
字　　数：184 千
版　　次：2025 年 5 月第 1 版　2025 年 5 月第 1 次印刷

ISBN 978 - 7 - 5520 - 4751 - 6/G・1420　　　　　　　定价：45.00 元

版权所有　翻印必究